Hilmar Hoffmann / Dieter Kramer (Hg.)

Das verunsicherte Europa

Hilmar Hoffmann
Dieter Kramer (Hg.)

Das verunsicherte Europa

Die Deutsche Bibliothek – CIP-Einheitsaufnahme

Das verunsicherte Europa / Hilmar Hoffmann; Dieter Kramer (Hg.). Mit Beitr. von Ernst W. Böckenförde ... – Frankfurt am Main : Hain, 1992

(Athenäums Programm)

ISBN 3-445-08584-6

NE: Hoffmann, Hilmar [Hrsg.]; Böckenförde, Ernst-Wolfgang

Umschlaggestaltung nach Entwürfen von: Rambow, Rambow, van de Sand
Satz: Frohberg GmbH, Freigericht
Druck und Bindung: freiburger graphische betriebe, Freiburg
ISBN 3-445-08584-6

Inhalt

Vorwort der Herausgeber

Der Platz für Europa nach dem Ende der Ost-West-Konfrontation muß wortreich neu bestimmt werden. Eine Fülle von Druckerschwärze und Rednerschweiß wird noch dazu aufgewandt werden. Es ist keine verlorene Mühe, denn die neuen Formeln für das europäische Selbstverständnis können nur wirkungsvoll und dauerhaft sein, wenn sie überzeugen und getragen werden von vielen, die sich mit ihren Interessen und Wünschen darin wiederfinden. Daß die Franzosen am 20. September 1992 in ihrer Volksabstimmung, anders als die Dänen, Maastricht bestätigt haben, kann nicht darüber hinwegtäuschen, daß die zukünftige Gestalt Europas in vielen Aspekten neu zur Disposition steht. Nicht zuletzt die Krise des europäischen Währungssystems vom September 1992 bestätigt dies.

Vorliegender Band ist hervorgegangen aus den Frankfurter Römerberggesprächen, einem seit 1973 regelmäßig stattfindenden Diskurs zwischen Künsten, Wissenschaft und Politik. Sie haben schon mehrere Male sich mit Europa beschäftigt, jeweils vor und parallel zu den großen Veränderungen auf dem Kontinent. Am 12. und 13. Juni 1992 standen sie unter dem Thema „Das verunsicherte Europa". Daß Gedanken und Reden von der Wirklichkeit immer wieder überholt werden, ist bei der heutigen Veränderungsgeschwindigkeit kein Wunder. Wenn jetzt nur wenige Monate zwischen der Veranstaltung von 1992 und der Veröffentlichung liegen, dann mag das die Chance der Aktualität erhöhen. Auf der Agenda für Europa stehen freilich auch viele alterungsresistente Stichworte. Deswegen enthält das Buch Gedanken, die über den Tag hinaus anregend bleiben mögen.

Die potentielle Fruchtbarkeit von Veranstaltungen dieser Art liegt in der personalen Präsenz unterschiedlicher Positionen und der Chance, aufeinander im „Diskurs" einzugehen. Dieser Ertrag geht verloren, wenn nur noch die Referate wiedergegeben werden, nicht aber die Diskussionen zwischen den Referenten und mit den eingeladenen Gesprächsteilnehmern, die nicht mit eigenen

Referaten vertreten sind. Deswegen bemühen wir uns um eine – zweifellos in vielen Aspekten subjektive, aber gleichwohl legitime – Synopse der Diskussionen. Manch neuer Aspekt mag erst dadurch aufscheinen, und der Leser hat die Chance, in konzentrierter Form die Hauptlinien der aktuellen Zugänge zur Interpretation der neuen Realitäten kennenzulernen.

Wir danken Autoren und Verlag für die tatkräftige Unterstützung bei der raschen Produktion des Buches.

Hilmar Hoffmann
Dieter Kramer

Hilmar Hoffmann, Dieter Kramer

Der ausgenüchterte Blick: Europa nach dem 1989er Jahr

1. Wie übersichtlich war doch einst die Welt

1988, noch vor den großen Veränderungen, zitierte der Historiker Gordon Craig den griechischen Dichter Konstantin Kavafis mit einem Gedicht über den Einfall der Barbaren in Rom:

„Woher die plötzliche Verwirrung und Bewegung?
(Wie feierlich sind die Gesichter jetzt geworden.)
Warum leeren die Straßen und Plätze sich so schnell,
und kehren alle Leute heim, tief in Gedanken?

Weil die Nacht anbricht, und die Barbaren nicht gekommen sind.
Ein paar Leute sind von den Grenzen zurückgekehrt.
Sie sagten, es gibt keine Barbaren mehr.

Und jetzt, was wird aus uns ohne Barbaren?
Diese Leute waren doch so etwas wie eine Lösung."[1]

Craig sprach 1988 bei den Frankfurter Römerberggesprächen, die damals wie 1992 dem sich verändernden Europa den Puls fühlten. Folgt man den Diskussionen der Veranstaltung von 1992 (und im folgenden Text stammen alle Zitate und einzelnen Personen zugeordneten Argumente, sofern keine andere Quelle angegeben ist, aus den mündlichen Diskussionsbeiträgen dieser Veranstaltung und sind daher aufgrund der offenen und spontanen Diskussion nur begrenzt zitierfähig), so wird das ganze Spektrum dessen sichtbar, was Europa erwartet und was dort möglich ist.

Heute ist Europa auf sich selbst zurückgeworfen, und im Augenblick des Triumphes wird es seiner selbst unsicher. Enttäuschung und Katzenjammer machen sich breit, die Illusionen von einst sind verflogen. György Konráds utopischer Begriff Europas von 1984 hat an Kraft verloren. Bis 1989 haben die Großstrukturen den Halbkontinent gebunden, ja gefesselt; jetzt sind im

„papageienhaft bunten“ Europa Kräfte freigesetzt, die nicht mehr überblickbar sind. Sie erregen Angst, ja Furcht. Neue Nationalismen, neue Faschismen als enthumanisierte Formen der Verteidigung von Privilegien werden erkennbar.

Vor ein paar Jahren, man hat es sich kaum zu schreiben getraut, schienen die Intellektuellen in Ost und West „besoffen von Europa“.[2] Inzwischen macht sich bei ihnen und bei vielen anderen Katerstimmung breit. „Triumphgeschrei ist immer gefährlich, auch marktwirtschaftliches Triumphgeschrei“, warnt Peter Glotz.[3]

Autokratische Systeme abzuschaffen führt nicht automatisch zur Demokratie – das hat sich gezeigt. Aber diese Erfahrung läuft parallel mit der noch grundsätzlicheren vom Ende der Vorstellung von der technischen, politischen und ökonomischen Plan- und Machbarkeit aller Verhältnisse. Die Risikogesellschaft hat auf der staatlich-gesellschaftlichen Ebene noch nicht zu ihrer Form gefunden.

In Osteuropa lassen die Erfolge in jeglicher Hinsicht auf sich warten. „In der Zeit der demokratischen Opposition gegen den Kommunismus dachten wir, daß eine andere Ordnung kommen würde. Wir vermuteten, daß am einfachsten Veränderungen in der Ökonomie erreicht werden können. Wir dachten, daß der Weg von der Planwirtschaft zur Marktwirtschaft im Rahmen der Nomenklatura möglich sein und daß gerade der Markt, der staatlichen kommunistischen Ordnung aufgepfropft, die totalitären Strukturen sprengen würde. Wir dachten, daß dann die Zeit gekommen sei, um die Institutionen der zivilen Gesellschaft als Ergänzung des Marktes zu errichten und schließlich als Ergebnis dieser zwei Prozesse die Zeit für eine große politische Umbildung.“ So resümiert Adam Michnik nach einer Phase, in der alles umgekehrt gekommen und das heutige System ein „Übergangssystem“ mit offenem Ausgang ist.[4]

In Rußland, berichtet Jens Reich, findet alles andere statt als der Übergang zur Marktwirtschaft – die Nomenklatura eignet sich einfach nur das real an, was früher als Staatseigentum galt. Alle Institutionen der zivilen Gesellschaft fehlen noch, es gibt noch keine „Citoyens“. In anderen Fällen werden, wie die Frankfurter Soziologin Ute Gerhard-Teuscher von Slowenien vermeldet, als erstes die Rechte der Frauen wieder eingeschränkt. Und das sind nur die Einzelheiten – wie deprimierend das Gesamtbild mit den aufflammenden Orgien der Gewalt an einigen Stellen ist, davon gibt György Konráds Beitrag in diesem Band eine Vorstellung. Die „Traumsituation“[5] von 1989 ist abgelöst von einer schillernden neuen Realität.

2. Strukturen für die Normalität jenseits des Wachstums

Die Europäer selbst fühlen sich unbehaglich, verunsichert, ja verängstigt in den Stürmen der Veränderung. Für Meinhard Miegel gehören freilich Zerstörung der Vergangenheit und Verlust der vertrauten Ordnungen, wie Hobsbawm sie als aktuelle Erfahrungen der Europäer zitiert, zum Gang der Evolution. Bezogen auf die westlich-kapitalistischen Gesellschaften vermag er die von Hobsbawm gesehene Krise nicht zu erkennen. Richtig ist zwar, daß wir in den späten 40er, den 50er und 60er Jahren exponentielle Wachstumskurven hatten, die jetzt nicht mehr zu beobachten sind. Aber exponentielles Wachstum ist absurd, es kann nicht dauerhaft aufrechterhalten werden. Nunmehr stellen wir seit den 70er Jahren fest, daß sich die kapitalistischen Wirtschaften in linearen Wachstumskurven bewegen. Sie sind relativ stabil, und immerhin wird in den sogenannten Krisengesellschaften heute ein höheres Bruttosozialprodukt erwirtschaftet als in den fünfziger Jahren.

Auch bei der Massenarbeitslosigkeit empfiehlt Miegel eine andere Interpretation: Noch nie in der Geschichte haben wir einen so hohen Anteil an arbeitsfähiger und arbeitswilliger Bevölkerung gehabt wie heute, und Faktum ist, daß derzeit deutlich mehr Menschen beschäftigt sind als in den goldenen Zeiten der 50er und 60er Jahre. Und wie definiert man Massenarmut? Die ärmsten in diesen westlichen Gesellschaften haben den Lebensstandard des Facharbeiters von vor dreißig, vierzig Jahren. Und was das Gewaltpotential anbetrifft, so hält Miegel unsere Gesellschaft für nicht gewalttätiger als frühere. Allerdings hätten wir heute größere Empfindlichkeiten entwickelt als früher, und auch dies sei eine ernst zu nehmende Realität.

Jedenfalls sind sich Eric Hobsbawm und Meinhard Miegel einig, daß die unvergleichlichen Wachstumsraten der Vergangenheit eine Singularität waren. Wenn Hobsbawm in seinem hier abgedruckten Referat Ängste aus der Perspektive jener Europäer thematisiert, die auf ihrer „Wohlstandsinsel" trotz der Wiederkehr der „alten Plagen" des Kapitalismus zu realen Befürchtungen weltweit am wenigsten Anlaß haben, dann sind Miegels Hinweise auf die Nichtexistenz einer Krise zwar nicht ohne statistischen Grund, aber nicht hinreichend tröstlich. Das gleiche gilt auch für Hobsbawm Worte: Die Welt hat auch eine Katastrophe wie die außerordentliche Dezimierung der Bevölkerung in Amerika in den Jahren nach 1492 überlebt – es wird wohl auch in Bosnien und anderen Krisengebieten weitergehen.

3. Kann die Arbeit heute noch im Zentrum stehen?

Robert Kurz, mit seinem Buch über den „Kollaps der Modernisierung"[6] vielzitierter Politökonom und Krisenanalytiker, hält es für nicht angemessen, negativen Analysen Pessimismus und Fatalismus vorzuwerfen. Vielleicht geschehe dies nur deswegen, weil die scheinbaren Sieger der Geschichte unbedingt in den alten Formen weitermachen möchten, obwohl eine grundsätzlichere Auseinandersetzung mit den uns gewohnten gesellschaftlichen Reproduktionsformen anstehe. Er versucht den Anlaß für den Pessismismus, darin Miegel folgend, durch den Hinweis auf grundsätzlich veränderte Strukturen zu präzisieren. Die Arbeitslosigkeit sei heute anders zu interpretieren – es ist keine zyklische Massenarbeitslosigkeit mehr, sondern es sind gerade die neuen Produktivkräfte, die der siegreiche Kapitalismus freigesetzt hat, die gleichzeitig dieses Kapital unfähig machen, im Maßstab der „one world" die sich anbietenden Arbeitskräfte in seinen Produktionsprozeß aufzunehmen. Dies ist möglicherweise der Übergang zu einer strukturellen Krise: Könnte es nicht sein, fragt Kurz, daß der als Ausweg empfohlene Übergang zur postindustriellen Tertiärisierung nur dort möglich ist, wo wir es mit Gewinnerökonomien auf dem Weltmarkt zu tun haben, die in der Lage sind, diese tertiären Sektoren zu finanzieren? In den Verliererregionen sei dagegen eher eine massive „negative Tertiärisierung" z.B. im Verschleiß der letzten Ressourcen in Tourismus und Prostitution zu beobachten.

Es gibt präzedenzlose soziale Veränderungen in der heutigen Welt. Wir erleben in der Industrie Produktivitätssprünge wie einst in der Landwirtschaft: Während früher der größte Teil der Bevölkerung in der landwirtschaftlichen Urproduktion beschäftigt sein mußte, um die gesellschaftliche Reproduktion zu sichern, genügten später wenige Prozent. Ähnliche Entwicklungen spielen sich in der produzierenden Industrie ab, und dennoch tun wir so, als sei produktive Arbeit immer noch das Wichtigste in Leben und Gesellschaft. High-Tech-Entwicklung und Beseitigung der Arbeitslosigkeit schließen sich gegenseitig aus, darauf weist Walther Ch. Zimmerli hin. Läßt sich das kompensieren mit Arbeitszeitverkürzung und ausgeprägten sozialkulturellen Strukturen zum Umgang mit Langeweile und unausgefüllter Zeit?

4. Eine Modernisierungskrise

Ähnlich kann es als strukturelles Problem interpretiert werden, wenn das alte politische System funktionsunfähig wird, und auch die neuen Nationalismen und regressiven barbarischen Reaktionen können, so Robert Kurz, als Antworten auf neuartige strukturelle Verliererkatastrophen interpretiert werden – auf beides geht Dieter Kramer noch in seinem Kommentar ein.

Wenn man, wie Kurz, diese Veränderungen als strukturelle interpretiert, dann kann man zu dem Schluß kommen, daß die westlichen Vergesellschaftungsformen gerade im Augenblick ihres Triumphes radikal in Frage zu stellen sind, auch weil der „Realsozialismus“ in Wirklichkeit nur ein System der nachholenden Modernisierung oder Verwestlichung war und gerade deswegen gescheitert ist. Der Westen kann seine Art zu leben nicht einfach weltweit übertragen, sondern ist aufgefordert, sich selbst zu ändern.

In der Gestalt der für Ost und West gemeinsamen Erblast der Aufklärung erkennen die Intellektuellen ihre eigene Mit-Verantwortung. Dieses gemeinsame Erbe bedeutet, so Hans-Peter Riese, Chefredakteur des Hessischen Rundfunks (Hörfunk), daß auch die Krise (auf hohem Niveau) Ost und West betrifft. Wenn es aber, wie Eric Hobsbawm sagt, eine Doppelkrise, eine mit dem Zusammenbruch des Kommunismus einhergehende Krise Osteuropas und eine westliche Modernisierungkrise, somit eine Krise des Modernisierungsprogrammes überhaupt ist, fragt Robert Kurz, wo bleibt dann die Übertragbarkeit des westlichen Modells? Die Dampfwalze der „nachholenden Modernisierung“ kann doch nicht einfach auf den Rest der Welt losgelassen werden, selbst wenn sie jetzt mit Katalysator ausgestattet wird.

Solche Klagen sind genau wie die Einsicht, daß Demokratie und Markt nicht gekoppelt sind, inzwischen auch wegen der globalen Probleme konsensfähig. Wer nur noch die osteuropäische Krise sehen will, muß im dunklen Wald laut pfeifen – auch wenn gewiß, wie Hans A. Fischer-Barnicol vom Heidelberger Institut für interkulturelle Forschung betont, im Vergleich zu den Krisen anderswo unsere Wohlstandsinsel gut dran ist. So groß ist unsere westliche Systemsicherheit nicht, als daß wir nicht eines Tages wie der Kaiser ohne Kleider im Märchen dastehen könnten, meint Hans-Peter Riese.

Neu sind für Meinhard Miegel in der Gegenwart nicht die Krisen der Anpassung an nicht-exponentielles Wachstum, sondern andere Aspekte: Es gibt auf globaler Ebene ein außerordentliches demographisches Problem, das gar nicht dramatisch genug gesehen werden kann. Die Tendenz, menschliches Leben als außerordentliche Kostbarkeit zu werten, schlägt sich darin nieder. Und in der Ökologie hat sich etwas verändert durch den Verschleiß und Ausverkauf unserer natürlichen Ressourcen. Das ist eine wichtige objektive Veränderung, aber die Grenzzonen, die wir hier erreichen, haben mit Hobsbawms Krisengemälde wenig zu tun. Über diese Grenzen aber müssen wir, so Miegel, ungleich intensiver nachdenken als über die von Hobsbawm dargestellten Krisen.

Und das muß geschehen in einer Situation, in der Europas Leistungsfähigkeit und Politikfähigkeit durch Krieg im eigenen Haus gefordert ist: Lachen doch Asiaten die Europäer aus, die ordnungsstiftend in der Welt auftreten wollen, aber in ihrem eigenen Haus Mord und Totschlag nicht beenden können.

„Hier waren die Zentralen der Sachzwänge, denen unsere Lebenswelt zum Opfer fiel". So könnte eine Gedenktafel im Frankfurter Bankenviertel 2034 aussehen, wenn die Wachstumstrends der Vergangenheit sich fortsetzen würden. Die Phase der nachholenden Modernisierung Osteuropas unter sozialistisch-kommunistischem Vorzeichen ist beendet, das Staffelholz an die kapitalistische Phase der Modernisierung weitergereicht. Nach einigen Anlaufschwierigkeiten kommt sie vielleicht in Gang – nach den Zyklen der Kondratiev'schen Langen Wellen ist, darauf weist Eric Hobsbawm hin, etwa Mitte der 90er Jahre wieder ein Aufschwung zu erwarten. Er könnte mit dieser Modernisierungsphase zusammenfallen. Es müßte aber, bezogen auf die Daten der globalen ökologischen Situation, auch eine Phase qualitativen und nachhaltigen Wachstums sein, eine Phase der „reflexiven Modernisierung". Daß es irgendeine Mischung aus bloß wachstumsorientierter Modernisierung und qualitativem Wachstum sein wird, das ist am wahrscheinlichsten – ob das aber, wenn dann die südliche Hemisphäre in gleicher Richtung marschiert, für die Lebenssphäre auszuhalten sein wird, muß angesichts der globalen Daten offen bleiben.[7] Immerhin: Chancen für neue Weichenstellungen gibt es schon allein wegen der materiellen und technischen Möglichkeiten der Wohlstandsgesellschaften, und auf diese Chancen wird trotz allem Pessimismus auch immer wieder hingewiesen.

Vor dem Hintergrund dieser Problemfelder standen die Diskussionen der Römerberggespräche 1992. Eines wurde dabei immer wieder klar: Besonders gefordert sind heute die Intellektuellen und die kulturellen Öffentlichkeiten.

5. Intellektuelle auf der Suche nach ihrer neuen Rolle

Noch im Zusammenbruch ergeben sich die seltsamsten Systemkongruenzen. Die US-amerikanischen Atomforscher rechtfertigen in einer Art von systemübergreifendem Trade-Unionismus ihre Existenz mit derjenigen der sowjetischen, berichtet der Frankfurter Journalist Henrich von Nussbaum.

Wenn die Intellektuellen verunsichert sind und darauf verzichten, die Wegesrichtung anzugeben, dann verstehen sie sich gern als Fragesteller. Sie brauchen dazu ihre Autonomie;[8] dies verbindet sie mit den anderen grenzüberschreitenden freien kulturellen Kräften (auch die Religion wollen wir dabei nicht ausschließen): Sie sind nicht voll in gesellschaftliche Funktionszusammenhänge eingeordnet, sondern besitzen in gewisser Weise unabhängig von anderen (allerdings nicht ihren eigenen) „Feldzwängen" freie Potentiale, mit denen sie im gesellschaftlichen Prozeß agieren.

Will aber „die Gesellschaft" solche Intellektuellen? In dieser Allgemeinheit ist die Frage wohl falsch gestellt, denn „die Gesellschaft" ist kein einheitliches Subjekt. Die Mütter und Väter des Bonner Grundgesetzes hatten offensichtlich ein Interesse daran und gewichteten die Freiheit von Wissenschaft, mehr noch die der Künste, hoch. Der Nutzen solch unabhängiger Intellektualität und kultureller Kräfte scheint außerordentlich groß. Das ist einsichtig, wenn es denn wirklich so war, wie Jens Reich entwickelt, daß die osteuropäische Intelligenz jene Staatlichkeit, der sie alle ihre Privilegien verdankte, selbst abgewickelt hat und Strukturen für den gleitenden Übergang der Macht in neue Hände vorbereitet hat[9] – es waren nicht die eigenen, und damit straft die Praxis jene Theorien Lügen, die bei der Intelligenz nur das ganz gewöhnliche Streben nach Macht sehen wollen. Was geschehen ist, entspräche mehr der idealisierenden Rolle des Hofnarren, der seinen Herrscher und Herren vor gravierenden Fehlern bewahrt.

Im Prinzip könnten die Intellektuellen ja daher heute mit großem Selbstbewußtsein auftreten. Über wieviel Divisionen verfügt der Papst, soll im Zweiten Weltkrieg Stalin gefragt haben – selbst sich damals als Exponent einer Bewegung fühlend, die durch die *Idee* von einer besseren Welt überhaupt erst Macht entwickelte.

Andere freilich sind nicht begeistert von der Einrede der Intellektuellen, sie servieren sie ab. Wer läßt sich schon gern von anderen verunsichern? Daher müssen die Intellektuellen sich um ihre Rolle wieder selbst kümmern – gegen die Einrede anderer: Mit Erstaunen beobachten sie neue Zensur-Formen in den USA, und der Vatikan bemerkt in seiner Instruktion zum Umgang mit Medien vom Juni 1992, daß „durch die sozialen Kommunikationsmittel im allgemeinen und durch die Bücher im besonderen ... heute immer mehr irrige Gedanken verbreitet" werden.[10]

Intellektuelle neigen dazu, anspruchsvoll zu sein und sich nur von ihren eigenen Waffen, denen des Argumentes, überzeugen zu lassen – rechthaberisch nennen andere das dann. Wie kommunizieren sie mit denen, die diese Kommunkationsform nicht beherrschen oder anwenden? Daß Macht nicht diskutiert, das ist ja noch verarbeitbare Alltagserfahrung. Was aber ist zu tun, wenn bei den vielen Menschen im Alltag das Wünschen und Begehren eine Dynamik entwickelt, die den Analysen der Intellektuellen zufolge katastrophale Folgen haben muß? Und was erst ist zu tun, wenn Gewalt den Diskurs unmöglich macht? Da sind sie, wie am Beispiel des Balkan-Krieges sich zeigt, völlig hilflos.

Die Rolle der Intellektuellen wird wohl noch eine zeitlang diskutiert werden müssen. Interessant immerhin die möglichen unterschiedlichen Haltungen: Der Ost-Intellektuelle Jens Reich kann auf die provozierende Frage, was denn von den Leistungen der einst in „einem Boot" sitzenden Intelligenz Ostdeutschlands geblieben sei, wenig antworten – sie hat, bestätigt Hans-Peter Riese, nichts retten können. Zur gleichen Zeit aber gründen sich in den fünf neuen Bundesländern die von den Etablierten als Provokation empfundenen „Komitees für Gerechtigkeit", die in ihrem Appell vom 11. Juli 1992 davon sprechen, daß die Menschen in den neuen Bundesländern sich „politisch, wirtschaftlich, sozial und kulturell ausgegrenzt" fühlen. Sie befürchten, die Einheit „zu teuer bezahlen (zu) müssen" und wollen „ihre Interessen selber aussprechen und wahrnehmen."[11] Was in vierzig Jahren geschehen ist, kann nicht einfach verschwinden – es ist gut hegelianisch „aufgehoben" in der kommenden Geschichte, auch wenn es in den seltsamsten Metamorphosen auftaucht, argumentiert Meinhard Miegel.

Der Dramaturg Ivan Nagel wagt bei allen intellektuellen Selbstzweifeln den Hinweis, daß die Entautoritarisierung der 70er Jahre und der ökologische Diskurs der 80er Jahre immerhin untrennbar mit den Intellektuellen verbunden waren.

Wegen des Erlebnisses des Verrats der Intellektuellen im Sozialismus plädiert Jens Reich dafür, sie vom Dienst an der Macht fernzuhalten: Weder Polizeibüttel noch Berufspolitiker sollen die Intellektuellen werden; weil sie sich in Machtkompromissen verschlissen haben, sind sie davongejagt worden. Claus Leggewie hat zwar die Suche nach der „alternativen Formel" aufgegeben, versteht als West-Intellektueller aber seine Rolle selbstbwußt anders: Er macht Vorschläge – er kann sie nur mit Plausibilitäten legitimieren und keine Gewähr für das Funktionieren geben. Aber er hält sich nicht vornehm zurück, ihn interessiert die Beziehung des analysierenden Vorgehens zur Politik – ihm geht es um das Einmischen auch im veränderten Verhältnis von Geist und Macht.

Auch so funktioniert kulturelle Öffentlichkeit. Durch das Initiieren von Diskursen zwischen den Sphären von Politik, Kunst und Wissenschaft versuchen Veranstaltungen wie die Römerberggespräche, sich einzumischen in die Gestaltung der Zukunft – nicht mit dem Anspruch der Wegweisung, sondern mit der Aufforderung, einander zu-

zuhören und Argumente ernstzunehmen. Dahinter steht eine der eigentlich schönsten Aufgaben der Kulturpolitik: Sphären und Milieus der Begegnung und der gemeinschaftlichen Gestaltung von Lebensverhältnissen bereitzustellen. Europa, wenn es seinen neuen Platz bestimmen will, braucht solche Sphären, meinen wir.

Anmerkungen

1 Craig, Gordon: Warten auf die Barbaren. In: Hoffmann, Hilmar (Hrsg.): Warten auf die Barbaren. Essays über die Zukunft des geistigen Europas. Frankfurt/M. 1989, 95–105, 105.

2 Vgl. Kramer, Dieter: Wer, wenn nicht wir ... Von der Verantwortung der Mitteleuropäer. In: Blätter für deutsche und internationale Politik 1989, 218–221.

3 Glotz, Peter: Die Sieger in der Zwickmühle. In: Die Zeit v. 17.April 1992, 13.

4 Michnik, Adam: „Eine Falle für die Demokratie ist der Nationalismus." In: Frankfurter Rundschau (D-Ausg.) v. 8. Jan. 1992, 14 (Dok.).

5 Vgl. Kramer, Dieter: Nachwort. Träume vom neuen Europa. In: Hoffmann, Hilmar und Dieter Kramer: Der Umbau Europas. Deutsche Einheit und europäische Integration. Die Frankfurter Römerberg-Gespräche. Frankfurt/M. 1991, 120–135, 120.

6 Kurz, Robert: Der Kollaps der Modernisierung. Vom Zusammenbruch des Kasernensozialismus zur Krise der Weltökonomie. Frankfurt/M. 1991 (Die andere Bibliothek, hg. v. H.M. Enzensberger).

7 Vgl. Meadows, Donella H. und Dennis L. Meadows, Jorgen Randers: Die neuen Grenzen des Wachstums. Die Lage der Menschheit: Bedrohung und Zukunftschancen. Deutsche Verlags-Anstalt Stuttgart 1992.

8 Dörre, Klaus: Vom Tod des organischen Intellektuellen. In: SPW 4/1992, 40–42.

9 Reich, Jens: „Wir haben funktioniert – alle miteinander". Ein Gespräch ... In: Frankfurter Rundschau (D-Ausg.) v. 6. April 1992 (8, Dok.). Vgl. das hier abgedruckte Referat.

10 Aktion gegen „irrige Gedanken". In: Frankfurter Rundschau v. 10. Juni 1992.

11 Appell zur Gründung von Komitees für Gerechtigkeit vom 11. Juli 1992. In: Blätter für deutsche und internationale Politik 1992, 1023–1024 (H. 8).

ERIC HOBSBAWM

Zur aktuellen Verunsicherung Europas: Die Wiederkehr der Krise

Ein Gespenst geht um in Europa. Es ist nicht mehr das alte Gespenst des Kommunismus wie vor 150 Jahren, sondern der Geist der Unsicherheit, ja der Angst. Ein Jahrhundert, das mit Zukunft und guter Hoffnung begann, hat das Fürchten vor der Zukunft gelernt. Eigentlich ist das paradox. Materiell geht es der Menschheit am Ende dieses Jahrhunderts unvorstellbar viel besser als je zuvor, und das, obwohl heute viermal soviele Menschen auf dem Erdball leben als zur Zeit Wilhelms II. und des alten Franz Joseph, und die Menschen sind alle im Durchschnitt größer, gesünder und langlebiger als ihre Eltern und Großeltern. Das hätte man kaum von einem Zeitalter erwartet, das in der Geschichte den Weltrekord im Massenmord hält.

Es hat in diesem Jahrhundert auch nicht an Hoffnungen gefehlt. Sie reichen von der großen irdischen Heilserwartung, die die sozialistischen Arbeiterbewegungen und den Kommunismus beseelte, bis zum „Ende der Geschichte“, das mit dem Zusammenbruch des westlichen Kommunismus und dem augenscheinlichen Weltsieg eines liberal-demokratischen Kapitalismus etwas zu schnell proklamiert wurde.

Was ist aus ihnen geworden? Wo sind sie geblieben? Weniger als drei Jahre trennen uns vom Fall der Mauer. Nicht, daß wir überhaupt nichts aus diesem grausamsten aller Jahrhunderte gelernt hätten – vor allem haben wir gelernt, daß es eben in der Geschichte kein Ende gibt, daß es irgendwie doch weiter geht, auch nach der Stunde Null. Es wird also wohl weitergehen, auch für die Bewohner Bosniens oder Rußlands, Afghanistans oder Somalias, sofern sie nicht umgekommen sind. Aber wohin wird es gehen? Das wissen wir nicht, und am Ende des Jahrtausends gibt es weniger Optimisten als in den vorangegangenen Jahrzehnten. „Das Jahrhundert ist im Sturm geschieden und das neue öffnet sich mit Mord“, sagte der

Dichter vor fast 200 Jahren. Und so sehen wir auch dem Ende des 20. Jahrhunderts entgegen.

Unsere Unsicherheit ist eine dreifache. Im Vordergrund steht wohl für uns in Europa der Zusammenbruch der stabilen internationalen Ordnung, die uns fünfundvierzig ununterbrochene Friedensjahre garantierte – bei weitem die längste Zeitspanne ohne zwischenstaatliche Kriege in der Geschichte unseres Erdteils. Das ist selbstverständlich eine rein europäische Perspektive; anderswo verschwanden große Kriege mit Millionenverlusten bei weitem nicht. Doch sogar in Asien und Afrika gelang es den beiden Supermächten, deren Rivalität die Welt sowohl verunsicherte als auch stabilisierte, den Weltkrieg zu vermeiden. Sie bekämpften einander immer nur indirekt, und sie kontrollierten ihre Satellitenstaaten und die Weltlage genügend, um etwaige Krisen bremsen oder lokalisieren zu können.

Seit dem Zweiten Weltkrieg wurden die alten Kolonialreiche fast zur Gänze dekolonialisiert, manchmal nach schweren und langwierigen Unabhängigkeitskämpfen, und aus den früheren Kolonien gingen mindestens hundert meist kleine und schwache Staaten hervor. Wenn man dies bedenkt, dann ist es schier unglaublich, wie wenig Konflikte zwischen diesen neuen Staaten und um sie ausgefochten wurden. Erst seit den 70er Jahren, seit der neuen Weltkrise, begann diese Stabilität zu zerbröckeln. Der Zusammenbruch der sowjetsozialistischen Staaten ist übrigens eine dramatische Konsequenz dieser Weltkrise, auf die ich noch zurückkomme.

Mit diesem Zusammenbruch ist es auch mit der Stabilität der internationalen Ordnung zu Ende. Sie hat keine Garanten mehr, und die kleinen Konflikte werden nicht mehr durch die Furcht gehemmt – weder durch die vor einem sowjetischen oder amerikanischen Prügel, noch durch die vor einem Weltkrieg. Das Novum an dieser Lage ist, daß es zur Zeit überhaupt kein internationales Machtsystem gibt, das z. B. die Grenzziehung zwischen neuen Staaten regeln könnte, wie nach 1918 das Konsortium der siegreichen Großmächte in Versailles. Das ist uns in den letzten drei Jahren in Jugoslawien und in der früheren Sowjetunion klar geworden. Die Amerikaner wollen nicht eingreifen und sind auch kaum dazu imstande. Die EG hat weder eine gemeinschaftliche Außenpolitik noch gemeinsame Streitkräfte, sondern im Gegenteil zwölf Mitglieder, deren Interessen ganz unterschiedlich sind, auch wenn eines dieser Mitglieder stark genug ist, um den anderen gegen ihren Willen eine voreilige Anerkennung Kroations aufzuzwingen, und ein anderes diejenige Mazedoniens zu verhindern weiß.

Während man über die Zukunft Europas und der EG diskutiert, entdeckt man, daß eine halbe Stunde von Triest entfernt unser Erdteil schon wieder in Flammen steht, der Balkan wieder einmal zum Pulverfaß wird und die Kriegsvertriebenen zu Hunderttausenden, vielleicht bald schon zu Millionen wieder einmal an verriegelte Türen klopfen. Daß der Krieg, der im ganzen Gebiet zwischen der chinesischen Westgrenze und der österreichischen Ostgrenze jeden Tag ausbrechen kann, nicht unbedingt weiter nach Westen ausgreifen muß, ändert nichts an der Tatsache, daß er, zum ersten Mal seit 1945, wieder im Herzen Europas zuhause ist.

Aber die Kriegsgefahr ist nicht die einzige Verunsicherung Europas. Die bekannte Ironie der Geschichte will, daß im gleichen Augenblick, wo unvorsichtige Intellektuelle den Zusammenbruch des sowjetischen Kommunismus mit dem Endsieg der liberalen Demokratie gleichstellten, eben diese Demokratie wieder zu schwanken begann.

Erstens finden wir heute, zum ersten Mal seit dem Kriege, in der westlichen Welt bei großen Teilen der Wählerschaft eine Absage an das politische System, wenigstens an seine Parteien. Das geht in Europa noch nicht so weit wie auf dem amerikanischen Kontinent, wo mindestens zwei, vielleicht sogar drei Präsidenten lediglich gewählt wurden, weil sie *nicht* zu den alten Politikern gehörten, ja weil man faktisch überhaupt nichts über sie wußte. Übrigens ist es möglich, daß dies auch in den Vereinigten Staaten selbst passiert. Aber auch in Europa können wir, mit wenigen Ausnahmen wie z.B. noch Großbritannien, von einer Aushöhlung der alten Parteiensysteme sprechen. Das gilt für die Massenabwanderung aus stabilen alten Parteien wie z.B. der schwedischen

Sozialdemokratie und der französischen Sozialistischen Partei, und es gilt für die Situation in Italien, wo nach fast 50 Jahren das alte politische System einfach nicht mehr funktionsfähig ist.

Aber *zweitens* finden wir, daß die politischen Kräfte, die aus dieser Krise gestärkt hervorgehen, eben jene sind, die schon immer für die liberale Demokratie am gefährlichsten waren, nämlich der zum Rassismus ausartende Fremdenhaß und der Ultranationalismus. Diese Kräfte haben kein politisches Projekt oder Programm, sie sind einfach ein Aufschrei gegen das System und die Gegenwart.

Die Geschichte wiederholt sich nie ganz, und es wäre Unsinn, von einer bevorstehenden Rückkehr zum Faschismus zu sprechen. Man kann aber allerdings feststellen, daß das heutige Unbehagen an der liberalen Demokratie dem der Zwischenkriegszeit vergleichbar scheint. Und ich möchte sogar sagen, daß Rassismus und Fremdenhaß als Massenphänomene heute objektiv stärker sind als damals, besonders wenn man bedenkt, daß der Westen zum Unterschied von Mittel- und Osteuropa keinen wirtschaftlichen Zusammenbruch durchmacht wie zwischen den Kriegen. Zieht man die düstere Lage der neuen Regimes östlich der EG in Betracht – wer will schon über deren politische Stabilität Prognosen machen? – so kann man nur von einem politisch stark verunsicherten Europa sprechen. Das bedeutet ja nicht unbedingt, daß die Staaten unseres Erdteils, ob Ost oder West, aufhören werden, offiziell liberale Demokratien zu sein, aber was bedeutet das? Die Tatsache, daß z.B. Ungarn und Rumänien in den 1930er Jahren Vielparteiensysteme und Wahlen hatten, machte diese Länder nicht zu Demokratien. Und niemand glaubte damals, sie wären solche.

Diese Zermürbung der politischen Systeme im Westen ist nur zu erklären, wenn wir hinter dem Zusammenbruch der europäischen Ordnung seit 1989 zwei weitere und tiefere Krisen der modernen Welt erkennen. Die erste ist eine der historisch immer wiederkehrende 20–30jährigen Krisenperioden der Weltwirtschaft, über deren Natur die Meinungen noch auseinandergehen, die aber den Historikern und realistischen Volkswirtschaftlern als die „langen

Wellen“ Kondratievs bekannt sind. Niemand kann sie erklären, aber es ist unbestritten, daß seit dem Ende des 18. Jahrhunderts die Weltwirtschaft *grosso modo* abwechselnd 20–30 Jahre Hochkonjunktur und 20–30 Jahre wirtschaftlicher Schwierigkeiten durchlebt. Der Zufall will, daß die Kondratievperiodizität in der zweiten Hälfte unseres Jahrhunderts fast genau mit der in der zweiten Hälfte des 19. Jahrhunderts zusammenfällt: 1851–1873, 1873–1896. Man darf daher annehmen, daß die Welle im Laufe dieses Jahrzehnts wieder aufzusteigen beginnt. Es ist aber durchaus nicht gesagt, daß dieser neue Aufschwung der Weltwirtschaft in den entwickelten Ländern des Westens nicht gehemmt wird durch den katastrophalen wirtschaftlichen Zusammenbruch im Osten, der – wie der Fall DDR nahelegt – durchaus vermeidbar war, sich aber als unerwartet kostspielig erweist.

Für die Weltwirtschaft und ganz besonders für die sich nach der großen Krise der 30er Jahre reformierende kapitalistische Weltwirtschaft war die Zeit vom Ende der 40er Jahre bis Anfang der 70er Jahre das goldene Zeitalter (die Franzosen nennen sie die „30 glorreichen Jahre“). Warum es so gut ging, braucht uns hier nicht zu beschäftigen. Ich kann aber nicht umhin, das Wort des mexikanischen Schriftstellers Carlos Fuentes zu zitieren, der vor kurzem sagte: „Damals erkannte der Kapitalismus die Kritik des Sozialismus und lernte von ihr.“ Es steht fest, daß zum ersten Mal in der Geschichte der Kapitalismus keine ernstlichen Probleme zu haben schien. Die Arbeitslosigkeit verschwand, die Wirtschaftskrisen verblaßten zu leisen Schwankungen, die Wirtschaftswunder schienen fast jedem einen ununterbrochenen Anstieg des Lebensniveaus zu garantieren. Den Regierungen brachten sie mühelos steigende Einkünfte. Sie ermöglichten es, ein engmaschiges und relativ freigiebiges „soziales Netz“ zu knüpfen, das, jedenfalls in Teilen Europas, die Armut im Vorkriegssinne des Wortes praktisch abschaffte. Dazu kam noch eine qualitative Ausweitung des Lebens und der Lebenschancen, an die niemand vor dem Kriege gedacht hätte: Kurz, ein Leben ohne Sorgen.

Übrigens muß man hinzufügen, daß es auch im sogenannten Realsozialismus trotz der seit gegen 1960 immer klarer erkennbaren wirtschaftlichen Rückläufigkeit des Systems bis in die 70er Jahre aufwärts zu gehen schien. Es ist dem ärmeren Durchschnittsrussen wohl nie besser gegangen als in der ersten Hälfte der 70er Jahre, und dem Durchschnittsungarn oder Polen wohl auch nicht. Auch die Balkanländer durchlebten – mit Ausnahme Albaniens und des Rumänien des größenwahnsinnigen Ceausescu – ein wahres Triumphzeitalter des wirtschaftlichen und kulturellen Wachstums.

Warum das alles aufhörte, ist eine umstrittene Frage, die ich aber auch hier beiseitelasse. Es bleibt, daß seit Anfang der 70er Jahre die alten Plagen des Kapitalismus wieder da sind: die Massenarbeitslosigkeit, die schreiende soziale Ungleichheit, die Armut im alten Sinne, ja sogar die Bettler und Obdachlosen, und die ernsteren Krisen. Das Geld für den Wohlfahrtsstaat wird knapper, ja das System der Sozialpartnerschaft, das in den sozialdemokratischen Staaten und denen der sozialen Marktwirtschaft den benachteiligten Bürgern das Leben leichter machte, ist durch die rasche Globalisierung und Liberalisierung der Weltwirtschaft seit den 70er Jahren aus den Fugen geraten. Die Regierungen haben heute gegenüber einer unkontrollierbaren Weltwirtschaft viel an Macht verloren, und daher auch die mit ihnen verhandelnden Parteien und Gewerkschaften.

Da die entwickelten Länder seit dem Kriege unglaublich reich geworden sind und ihre Bürger sogar in extrem neoliberalen Wirtschaftsländern wie Großbritannien und den USA unvergleichlich mehr Schutz genießen als früher, ist das ja nicht so tragisch, bis jetzt wenigstens. Wie tragisch es werden kann, läßt sich an Ländern der Dritten Welt ablesen wie z. B. Brasilien, und natürlich an unsern unglücklichen Brüdern im Osten. Die „realsozialistischen" Länder konnten aufgrund ihrer Systeme praktisch nur außerhalb der kapitalistischen Weltwirtschaft funktionieren, und auch das nicht sehr gut, aber sie wurden besonders seit der ersten Ölkrise immer mehr in diese Wirtschaft einbezogen. Sie wurden also den plötzlichen Schwankungen des Kapitalismus ausgesetzt, für die sie weder vorbereitet noch ausgerüstet waren. Krisen wie die zweite Ölkrise von 1979/80, die der westlichen Welt

Schwierigkeiten machten, erwiesen sich für die östliche als tödlich. Und als der Realsozialismus politisch zusammenbrach, wurde er aus ideologischen Gründen bewußt plötzlich und schutzlos einem Weltmarkt ausgeliefert, auf dem er unter gegebenen Umständen gänzlich konkurrenzunfähig war. Wirtschaft und Gesellschaft brachen daher zusammen. Wann diese Länder wieder lebensfähig werden oder den Stand von vor 1980 wieder erreichen, läßt sich nicht voraussagen.

Objektiv hat wohl das westliche Europa keinen Grund zur Unsicherheit. Es geht uns, verglichen mit 80 Prozent der Menschheit, verdammt gut. Subjektiv aber haben diese Krisendezennien die Unsicherheit wieder bei uns eingeführt, weil heute weder die Arbeit noch das ununterbrochen steigende Lebensniveau ohne weiteres als gegeben vorausgesetzt werden können wie in der goldenen Zeit, als die Menschen meiner Generation aus dem Kriege zurückkehrten und dann nach ein paar Jahren erstaunt entdeckten, daß es sozusagen automatisch aufwärts ging.

Heute steht die Unsicherheit wieder an jedem Arbeitsplatz, und zwar nicht nur, weil die Massenarbeitslosigkeit wieder da ist, sondern auch, weil man mutmaßen kann, daß ein einmal verlorener Arbeitsplatz überhaupt nicht mehr neu entstehen wird.

Der Mensch eignet sich bekanntlich nicht für die kapitalistische Produktion, da er, im Unterschied zur Maschine, seine Produktivität nicht fortwährend steigern kann – er muß ja leben. Er wird daher zu einem immer kostspieligeren Faktor in der Produktion. Diese aber braucht dank der Technologie den Menschen als Arbeiter immer weniger, der Mensch wird also immer mehr abgebaut. Genau wie wir entdeckt haben, daß sich mit zwei oder drei Prozent der Bevölkerung mehr landwirtschaftliche Produkte herstellen lassen wie in der alten Zeit mit jenen 80 Prozent, die Bauern waren, so entdeckt man heute, daß Industrie und Büro ohne den Großteil der alten Arbeitskraft auskommen.

Die Produktion wird zudem aus den teuren alten Industrieländern in die billigere Zweite und Dritte Welt verlagert, wie es die wirtschaftliche Rationalität verlangt. Indessen wird die reiche, aber verunsicherte Welt von jenen Millionen umringt, die noch wirklich den Hunger kennen und nichts intensiver wollen als bei uns Arbeit zu bekommen.

Die Vollbeschäftigung schaffte den Rassismus leider nicht ab, aber die Arbeitslosigkeit und die Unsicherheit am Arbeitsmarkt garantieren, daß endemische Leiden zu Epidemien werden. Das ist heute in Europa leider nur zu klar, ganz besonders in den reichen Ländern und Gebieten. Es sind ironischerweise oft Länder mit langen demokratisch-liberalen Traditionen, in denen man wirklich wenig objektiven Grund für den Aufstieg der verschiedenen „Nationalen Fronten" und ähnlichen xenophobischen Parteien findet. Doch in eben diesen Ländern haben die Leute mehr Angst, denn sie haben mehr zu verlieren.

Diese Überlegungen führen mich zur dritten der Unsicherheit bringenden großen Krisen: Ich meine die Zerstörung der Vergangenheit. Bis in die zweite Hälfte dieses Jahrhunderts lebte die Menschheit in einem geschichtlichen Kontinuum, welches die für zeitgenössische Begriffe revolutionären Beschleunigungen der historischen Wandlungen milderte, ohne sie abzuschaffen. Die Welt bestand z.B. noch aus Bauern; ja sogar bis zum Zweiten Weltkrieg blieben sie in fast allen industriell entwickelten Ländern ein bedeutender Bestandteil der Bevölkerung – ein Viertel in Deutschland und den USA, 40 Prozent in Frankreich. Verheiratete Frauen z.B. verließen den Arbeitsmarkt, wenn der Mann genügend verdiente, so zu 85 Prozent auch in den USA. Der moderne Industriekapitalismus wollte die Welt verwandeln, er tat es aber zum Teil dadurch, daß er, wie Max Weber richtig erkannte, das alte vorkapitalistische, ja oft vorsintflutliche Erbe der Vergangenheit für sich nutzbar machte: die Ethik der Arbeit, die Religion, die Moral, die Struktur der Familie selbst.

Doch seit der Mitte dieses Jahrhunderts wird eben dieses Erbe zerstört, und zwar mit einer nie dagewesenen Geschwindigkeit. In der Hälfte eines europäischen Durchschnittslebens, ja binnen 20 Jahren verschwinden die Hälfte, manchmal zwei Drittel aller Bauern in Agrarländern. In einer Generation werden Studenten zu Armeen, die, zum erstenmal in der Geschichte, Millionen zählen. Wir leben auf einem Erdteil, auf dem es heute mehr Menschen mit Hochschulausbildung gibt als Bauern, und wo die Leute in Museen gehen oder in „Heritage Theme Parks“, wie man sie bei uns kennt, um über Dinge zu staunen, die zur Alltagserfahrung ihrer Eltern gehörten, und wo man über die „Umwelt“ spricht, als ob man nicht zu ihr gehöre.

Ich verbringe meine Ferien in einem Dorf, wo es bis vor ein paar Jahren das Gasthaus, die Schule und den Dorfladen gab. Alle sind verschwunden. Nur die Kirche ist noch da, aber auch das nur, weil sie einen Teil eines Konsortiums von sieben oder acht Kirchspielen bildet, aus denen die wenigen Frommen abwechselnd in den verschiedenen Dörfern Gottesdienst halten.

Ist es erstaunlich, daß die ältesten Stützen der Tradition zusammenbrechen, und daß heute die katholische Kirche weder genug Geld noch ausreichend viel Priester mobilisieren kann und ihre treuen Schafe den Hirten entlaufen? Im Land des Papstes stimmen die Frauen für die Scheidung sowie für das Recht auf Geburtenkontrolle und Abtreibung, und (so berichtet die Financial Times, die keine katholischen Ziele verfolgt) Italien bildet den größten europäischen Markt für Kondome. All dies ist in ein paar Jahren geschehen. Zwischen 1960 und 1970 z.B. fiel der Kirchenbesuch im katholischen Kanada von 80 Prozent auf 25 Prozent und die Geburtenrate halbierte sich. Man kann wohl sagen, daß für die Welt das Mittelalter in den 1950er Jahren plötzlich aufhörte, und für Europa die Neuzeit vielleicht noch plötzlicher in den 60er Jahren.

Kurz, die Welt ist anders geworden. Die alten Landkarten und Wegweiser des Lebens deuten auf eine unkenntliche Landschaft. Das ganze Epigonenvokabular der Postmoderne, der postindustriellen Gesellschaft und wie weiter sie alle heißen, bedeutet doch bloß, daß wir wissen, es sei aus mit dem Alten, aber wir hätten keine Idee, was für ein Neues es denn sei, in dem wir uns zurechtzufinden suchen. Es gibt keine Lebensregeln mehr für die, welche sich nicht mehr an die alten Regeln halten können oder wollen. Und wer außer den Alten kann sich noch an den althergekommenen orientieren?

Die Menschen, über die die neue europäische Unsicherheit hereinbricht, besonders die Jugendlichen, die nur noch voneinander lernen können, sind also verirrte Menschen, das darf man nie vergessen. Sie sind daher auch gefährliche Menschen. Wenn wir – ich spreche als Londoner oder New Yorker – von der Unsicherheit im heutigen Leben sprechen, dann meinen wir nur zu oft, konkret gesagt, Gruppen von jungen Männern im Alter von 14 bis 25 Jahren, die früher einmal zur Arbeiterklasse gehört hätten und vor denen man Angst hat, wenn man ihnen auf der Straße oder in der U-Bahn begegnet. Denn auch die Gewalttätigkeit hat ihre Regeln verloren, nur noch nicht in jenen hier und da noch existierenden Gebieten, in denen die Menschen noch wissen, wo sie hingehören: In Nordirland weiß man paradoxerweise, wo und wann getötet werden darf. Aber diese Gebiete werden seltener; auch die Gewalt verirrt sich.

So sieht also unser Erdteil am Ende unseres zweiten Jahrtausends aus. Was sollen wir tun? Erwarten Sie von mir keine Antwort auf diese Frage. Die Welt ist zu voll von Denkern, und noch mehr von Tätern, die genau wissen, wie die Leiden der Menschen, einzeln und kollektiv, zu heilen sind. Es hat sich aber im Laufe dieses schrecklichen Jahrhunderts herausgestellt und stellt sich noch heute heraus, daß die Folgen solcher Therapien so arg sind wie die Krankheiten, oft noch ärger. Das Wort, das ja dem Evangelium des Johannes zufolge am Anfang steht, wird zum Fluch, die Tat zum Attentat. Ob es überhaupt heute ein Rezept gibt, um Europa wieder zur Sicherheit zurückzuführen, sei dahingestellt. Aber wenn es eines gäbe, so darf man wohl annehmen, daß es im Zeitalter der Herren Bush, Kohl, Mitterand, Jelzin, Milosevic und Shamir nicht angewendet wird.

Wir wissen nicht, wohin wir gehen, nur daß wir am Ende einer Epoche stehen. Die Menschheit wird sie überleben, so wie sie andere und ärgere Krisen und Katastrophen überlebt hat – so z. B. die neunzigprozentige Reduktion der amerikanischen Bevölkerung im Jahrhundert nach der spanischen und portugiesischen Eroberung. Wir aber, besonders wir, denen es gut geht, haben nur eine Pflicht, nämlich nicht zu vergessen, daß wir in einer Welt leben, die unmenschlich ist und unmenschlicher wird, und zwar aus zwei Gründen.

Erstens ist es heute paradoxerweise gerade durch die tägliche Medienüberschwemmung wirklich schwerer, sich der Leiden der anderen ständig bewußt zu sein. Nach sieben Wochen sieht man die täglichen Bilder aus Sarajewo nicht mehr so wie in den ersten Tagen, und übrigens bringt uns der Bildschirm nicht nur die Wirklichkeit näher, sondern isoliert uns auch von ihr.

Zweitens: Die Alltagswirklichkeit für den Besucher oder den Bewohner von Los Angeles ist nicht die des Aufruhrs; es ist nicht einmal die einer Großstadt, deren Bevölkerung mehrheitlich aus der Dritten Welt stammt, sondern es ist die des weißen oder schwarzen, koreanischen oder mexikanischen Gettos, in dem man lebt und (wenn man weiß ist) auch arbeitet. Die Apartheid, die unsere Welt regiert, wird durch die Reportage nicht abgeschafft, sondern unterstrichen. In den reichen Ländern ist diese Apartheid die Trennung zwischen dem unteren Drittel in der Zweidrittelgesellschaft, in Europa als Ganzes gesehen ist es die Trennung zwischen den Armen aus dem Osten und Süden, die uns belagern, und der zufriedenen Minderheit, die alles tut, um sich die Mehrheit vom Halse zu halten.

Man gewöhnt sich leicht an das Ungeheuerliche. Eben darum dürfen wir nicht vergessen, daß auch für die, die im Wohlstand und angenehm leben, die Welt in wesentlichen Punkten sich verschlechtert, und daß seit 1914 nach eineinhalb Jahrhunderten des Fortschritts in der Zivilisation die Barbarei wieder zunimmt. Und da man sich an alles gewöhnt, bemerken wir das am Ende kaum mehr, außer wenn es in gigantische Massaker ausartet. Ich lebe in einem Land, wo in einer Provinz seit 23 Jahren der Bürgerkrieg endemisch ist. Man hat sich daran gewöhnt, paßt sich an, wenn man dort lebt, oder denkt nicht daran, wenn man anderswo lebt – außer wenn auch in England ein paar Bomben hochgehen, und man tröstet sich mit dem Gedanken, daß Belfast bis jetzt, Gott sei Dank, kein Beirut geworden ist. Als Bewohner New Yorks habe ich mich daran gewöhnt, nur zu bestimmten Zeiten in der Subway zu fahren, nur in Wagen mit anderen Reisenden einzusteigen und nicht viel Bargeld in der Tasche zu haben, aber doch genug, daß etwaige Räuber mich nicht aus

Enttäuschung verhauen oder gar erschießen. Ich denke kaum mehr darüber nach, daß es einmal – sagen wir vor 30 Jahren – in New York genauso natürlich war, abends allein in leeren Straßen spazieren zu gehen wie anderswo. Es ist aber doch ungeheuerlich, daß wir gelernt haben und lernen, unter unerträglichen Bedingungen irgendwie eine Abart des normalen Lebens weiterzuführen und daß uns das ganz natürlich erscheint. Was ist aus dem alten jüdischen Witz geworden, in dem der junge Rekrut aus dem Städtel in der russischen Armee zum erstenmal mit dem Gewehr in der Schlacht steht und den Befehl erhält zu schießen. Er hebt das Gewehr, er visiert, und er läßt das Gewehr wieder fallen mit dem Ausruf: „Aber Herr Feldwebel, das sind doch Menschen!“

Aber das eben ist die Gefahr einer Rekolonialisierung der Welt durch die Barbarei. Die Barbarei, meinte Rosa Luxemburg, sei die einzige Alternative zum Sozialismus, jedenfalls zum nichtleninistischen Sozialismus. Den Sozialismus haben wir nicht, und wenige glauben an ihn. Die Barbarei in Form der Unmenschlichkeit wächst ohne zu verlangen, daß man an sie glaube, nur daß man sich ihrer nicht mehr bewußt ist. Sie ist in einer reichen und hochtechnologisierten Welt nicht weniger barbarisch als in einer vorindustriellen, eher vielleicht noch schlimmer. Wir sollen uns nicht an sie gewöhnen, wir sollen sie nicht vergessen, sonst ist die Verdunkelung der menschlichen Existenz nicht mehr aufzuhalten.

GYÖRGY KONRÁD

An Europas Horizont kichert der Wahnsinn

Europa ist verunsichert? Das kann es brauchen. Allzu viel Selbstsicherheit macht dumm. Tritt Integration als Religion in Erscheinung, so ist dies nicht verheißungsvoller, als wenn Desintegration in religiösem Gewand auftaucht. Wie Ameisenhaufen im Garten, so drängen die neuen Partikularismen aus dem Dunkel ans Licht. Die Teile mißtrauen dem Ganzen. Vor allem dem Nachbarn. Fahnen werden geschwenkt. Mit den Teilen ist nicht gut Kirschen essen. Dem überlegenen Ganzen und der immer irgendwo existierenden Zentrale werden sie schon zeigen, was Sache ist. Bis hierher und nicht weiter! Ganz wirst du mich nicht schlucken! Einzigartig bin ich! Etwas Ureigenes! Es verlangt mich nicht danach, im gesamteuropäischen Schmelzkäse aufzugehen. Akzeptiert werden wollen wir in unserer Besonderheit. Eines nur macht uns Kummer, daß sich auch bei uns die Teile regen und wir früher oder später vor Zerfallserscheinungen ebenfalls Angst haben müssen. Im Galopp wogt die Reduktion über uns hinweg und wird ad absurdum geführt. Allem Anschein nach hat jedes Ganze viele Teile, und jeder Teil ist das Ganze vieler anderer Teile, weshalb aus ein und demselben Mund einmal die Leidenschaft des Verletztseins unterdrückter Teile und ein andermal der zynische Rationalismus des aggressiven Ganzen zu hören ist.

Der Kult des Teils ist zweifellos irrational. Die einzelnen Kollektive versteifen sich auf die fixe Idee, Zweifel an ihrer Existenz nachhaltig ausräumen zu müssen. Und niemand von ihnen will unter dem Sternenhimmel staats-obdachlos sein. Aus unseren Reihen soll sie hervorgehen, die Obrigkeit, die über unser Leben zu bestimmen hat! Beherrscht werden wollen wir nur von unseren Brüdern! Nackt und schutzlos werde ich sein, wenn du den Baldachin des Nationalstaats über mir einreißt. Viele meinen plötzlich, Sicherheit gebe es nur in eigenen Staatsgrenzen.

Einer militärischen Großmacht bedürfe es nicht, nicht vor Panzern, sondern vor Verbrecherbanden habe sie der Staat zu schützen. Und die vielen beschämten und verschwiegenen Untergrundegos, jene zahlreichen Zugehörigkeiten, jene mannigfachen und unantastbaren Teile, sie betreten die Weltbühne, pflanzen sich vor dem Souffleurkasten auf und wollen endlich loswerden, was sie zu sagen haben. Jawohl, auch sie gibt es, einen jeden gibt es! Die Nationen, die kollektiven Individualitäten, nicht mehr verschwinden wollen sie von der Bildfläche. Sie sind sich keineswegs sicher, ob sie für die Homogenisierung in jener vielleicht gar nicht so phantastischen Gesellschaft entschädigt werden. Es ist fraglich, ob die Europäer mehr voneinander brauchen, als sie ohnehin schon abbekommen haben.

Manchmal wird Nicht-Handeln durch höherwertiges Handeln aufgewogen. Nicht-Handeln ist die Selbstbeherrschung der Mächtigen. Die Kleinen bitten die Großen, ihren Tatendrang zu zügeln. Sie sollen nicht großmäulig in Dinge hereinreden, von denen sie nichts verstehen. Törichte und voreilige Aktivitäten resultieren daraus, wenn jemand unter Beweis stellen will, daß er sich wirkungsvoll in lokale Konflikte einzumischen vermag, stets auf der richtigen Seite, für das Gute, gegen das Böse. Dabei ist noch nicht einmal entschieden, was besser ist, der Zusammenschluß oder die Loslösung. Hier dieses und dort jenes? Westeuropa sehnt sich fortwährend nach Vereinigung, in der Sowjetunion aber und in Jugoslawien ergriff es dennoch für eine Trennung Partei. Gewiß, dahinter stand die Absicht, helfen zu wollen, ging man doch von der Annahme aus, daß die östlichen Föderationen in allen Fasern schlecht gewesen seien und daß sie keinerlei vernünftige Funktionen besessen hätten. So wird also zwischen den Teilen, die triumphierend ihre Unabhängigkeit erreichen, der Eisenbahnverkehr eingestellt, die Telefonverbindungen werden unterbrochen, die Vermögens-, Finanz- und Schuldenangelegenheiten sind ungeregelt, statt Privatisierung Verstaatlichung, die Häuser von Bürgern der anderen Republik sind unser Volksvermögen, ein jeder genießt die vorverdaute Nahrung des eigenen Fernsehens, wo sich bisher eine Promenade befand, dort wird nun eine Festung errichtet, vor den Mauern der Nachbarstadt werden Paß- und Zollkontrollen vorgenommen. Das Leben der Bürger wurde durch den Wandel ungefähr so sehr erleichtert, als würde beispielsweise die Bundesrepublik Deutschland in ihre Teile zerfallen. Nach Hillel besteht das Wesen der Thora in folgendem: „Was dir unlieb ist, das tue auch deinem Nächsten nicht, dies ist die ganze Thora, alles andere ist nur Erklärung."

Andererseits geht die triumphale Zerstückelung in den osteuropäischen Ländern auch ohne Fremdeinwirkung vonstatten. Länder, Regionen, Bezirke, Städte, Firmen, Netzwerke, alle zerfallen sie in Einzelteile, zahlreiche Minderheiten melden sich zu Wort. Größere Organisationen werden durch konkurrierende Fraktionen gespalten. Ebenso wie nach dem Krieg durch das Volk Schlösser ausgeschlachtet wurden, so kann jetzt das Staatsvermögen auseinandergenommen werden; wer die Augen auftut, dem steht die Welt offen. Durch billige und politisch geschickte Übertragung sozialistischen Gemeineigentums in Privateigentum sind einige reich geworden, wem aber kein Anteil vom Staatsvermögen zufiel, der ist ärmer geworden. Noch gibt es keinen Kapitalismus, vielmehr haben wir es mit einem antisozialistischen Sozialismus und vielen nicht abgeschafften alten Ämtern zu tun. Ebenso wie der Demokratie die Zerstückelung nicht gut tut, so ist es auch nicht wünschenswert, wenn die Zentralisierungsversuche der bürokratischen Administrationen zu neuem Leben erwachen. Feierlich düstere Chefs möchten den Geist des Widerspruchs Mores lehren. Türhüter in archaischen Galauniformen schirmen sie vor der Öffentlichkeit ab. Vielleicht läßt sich das schlechte Allgemeinbefinden der abrutschenden Mittelklasse durch religiös-patriotische Rhetorik lindern. Gekommen ist die Zeit der Achtung vor den auferstandenen Symbolen, die Blütezeit der Ahnenforscher.

Wo ist Europa zu Ende? Wo sollen wir die Grenze ziehen? Wo sollen wir das Tor schließen? Im Osten und auf dem Balkan steht Europa offen. Von dort können alle möglichen gefährlichen Typen hereinströmen, Leute, die lieber etwas holen als bringen wollen. Provinzielle Ruhestörer sind sie, dummes Zeug geben sie von sich, betrinken sich und fallen übereinander her. Durch die Ritzen dringt der Virus der Partikularisierung ein. Was fällt den Schotten und den Dänen ein?! Von Unruhe erfaßt blasen sie sich alle auf. Wir sind nicht weniger wert als die anderen! Zu einer Geheimschrift wird unsere Literatur verkommen? Macht nichts. Dann wird sie wenigstens wirklich uns gehören. Solches ist zu hören. Die Dialekte erheben sich in den Rang der Literatursprache. Die Provinzen streben Autonomie an, die Großstädte halten es zusehends für unbegründet, sich der Hauptstadt unterzuordnen, demgegenüber haben die Amtsträger der Zentrale Angst vor einer Balkanisierung. Mit ihrem aufrührerischen Ethnozentrismus können obskure Figuren einigen Erfolg verbuchen, an Europas Horizont kichert der Wahnsinn.

Irgendwo in Jugoslawien, im Kaukasus oder anderswo wird sich ein Vater allmählich bewußt, daß er seinen Sohn erschossen hat. Ein Kind wird gefragt, auf wessen Seite es steht, auf der des Vaters oder der der Mutter. Entscheide zwischen deinen Eltern! Und scheiden lassen sich auch die Ehepaare, der eine geht in diese, der andere in jene Richtung. Meine Familie hast du ausgerottet? Warte nur, ich werde deine Familie ebenso vernichten! Im Krieg der Großväter bekämpften sich das Unter- und das Oberdorf, mit Minenwerfern beschossen sie sich gegenseitig, steckten ihre Häuser und Scheunen in Brand, fremder Besitz wurde hin- und hergeschleppt. Und was bietet sich ihren verwunderten Blicken nun dar? Duro, der Gefährte von einst, rennt mit einer Fackel in der Hand umher und legt Feuer in unseren Häusern. Was sonst könnte Pero dagegen unternehmen? Auch er besorgt sich eine Fackel, und nunmehr flitzt er gleichfalls umher und läßt die Häuser der anderen brennen. Anfangs ist die nationale Idee ein unschuldiges Mädchen, um schließlich die mörderische Maske des Wahnsinns anzulegen. Angefeuert wird Peros und Duros vorauseilender Gehorsam von geistigen Wortführern.

Wie kann man sich in gemischten Siedlungsgebieten uneingeschränkte nationale Selbstbestimmung vorstellen? Muß man nicht vielmehr damit rechnen, daß sich innerhalb jeden abgefallenen Teils weitere Teile artikulieren werden, die sich ebenfalls loslösen wollen? Warum sollte die nationale Souveränität ein unantastbares Prinzip sein, insbesondere dann, wenn es gegen die nationale Souveränität der anderen verstößt, die im selben Gebiet leben? Die Achtung der grundlegenden Menschenrechte macht die Einschränkung der nationalen Souveränität erforderlich. Ein und derselbe europäische Mund kann nicht gleichzeitig zwei verschiedene Melodien pfeifen. Er kann nicht die Menschenrechte befürworten und zugleich politische Bestrebungen unterstützen, aus denen notwendigerweise die Verletzung der Menschenrechte resultiert.

Wenn eine föderative Teilrepublik ohne vertragliche Abmachung mit den anderen, ohne jede formale Loslösungsprozedur aus der Föderation ausscheidet, einseitig ihre Unabhängigkeit erklärt und konstitutionell einen Staat der Mehrheitsnation ausruft, wenn allerorten die dort geltenden ethnischen Proportionen zählen, dann wird es in diesen politischen Gebilden Staatsbürger zweiter Klasse geben, die ratsamerweise ihre nationale Identität leugnen und sich beeilen sollten, die nun an die Macht gekommene Mehrheitsnation ihrer Loyalität zu versichern. Durfte sich jemand bisher als gleichberechtigter Bürger der Bundesrepublik fühlen, und zwar unabhängig davon, in welcher Teilrepublik er lebte, so sieht er nun schwere Zeiten nahen, ist doch die politische Klasse von der territorialpolitischen Definition des Staats zu dessen ethnisch-nationaler Definition übergegangen. Ob der Angehörige einer Minderheit die Staatsbürgerschaft erhält, das hängt davon ab, wie deutlich er für die Mehrheitsnation – unter Umständen sogar gegen die eigene Nation – Stellung bezogen hat. Und auch im weiteren muß er der Mehrheit gegenüber Ergebenheit bekunden, um nicht sein eventuelles Recht zu verwirken, dort leben zu dürfen, wo er bisher gelebt hat. Je jünger ein Nationalismus, desto ungeduldiger fordert er von der beherrschten Minderheit die Assimilation, die Selbstverleugnung. Dabei gehört das Assimilationsbegehren noch immer zu den zivilisierteren Verhaltensmustern. Auch einfachere Methoden sind bekannt! Beispielsweise das halbe Dorf ausrotten, die Kunde davon in den anderen Dörfern verbreiten, um diese angesichts einer drohenden Wiederholung einer solchen Maßnahme in Angst und Schrecken zu versetzen, so daß die Minderheit daraufhin Hals über Kopf die Flucht ergreift, alles zurücklassend. Ein probates Mittel, das künftigen Ärger darüber ausschließt, ob sich die andersartigen Ethnien endlich gehörig anpassen oder nicht.

Millionen Menschen werden heimatlos, und schuld daran sind die Politiker. Die Verabsolutierung nationalen Selbstbestimmungsrechts in Gebieten mit gemischter Bevölkerungsstruktur ist ebenso wie die Unterstützung des Separatismus an Stelle des föderativen Prinzips ein äußerst gefährliches Spiel. Potentiell kann es einen Flüchtlingsstrom von mehr als zehn Millionen Menschen und Kriege zwischen verschiedenen Staaten auslösen. Angesichts der Verlustliste müssen sich die Politiker die Frage nach der Verantwortung stellen, die sie für die gegenwärtige Entwicklung und die schreckliche Ausweitung der Konflikte tragen. Wer die neuen Nationalismen – ohne daß die Kriterien und Bedingungen dafür in korrekten und internationalen Verträgen ihren Niederschlag gefunden hätten – unterstützt, der trägt an dem hervorgerufenen menschlichen Leid mittelbar auch selbst Mitverantwortung, der muß die Toten sehen, die Heimatlosen, die bisher eingetretenen und auch für die Zukunft zu erwartenden Rechtsverletzungen.

Weder Pero noch Duro sind aufgefordert, am Waffengang internationalen High-Techs zu partizipieren. Ich als ein anderer Europäer, ich als jemand, der in der Nähe des Konfliktherds lebt, also als fast betroffener Nachbar, warum sollte ich im Bruderzwist eindeutig für Pero oder Duro Partei ergreifen? Daß sich die anderen Europäer als dritte oder vierte Partei in die Auseinandersetzung hereinziehen lassen, wünsche ich mir nicht. Auf dem Gelände, wo aus allen Ecken und Enden geschossen wird, würde der friedenssichernde Soldat das Feuer erwidern, schießen würde er auf den, der ihn angegriffen hat, und schon wüßte er nicht mehr zu unterscheiden zwischen Freund und Feind. Warum sollten Ausländer auf ferne Gebirgsbewohner schießen müssen, wenn diese aufeinander das Feuer eröffnen?

Warum sollte das Selbstbestimmungsrecht der einen Nation weniger wert sein als das der anderen? Erkennen wir die Übereinstimmung eines Staats mit seinen international festgelegten Grenzen nicht an, warum sollten wir dann innerhalb dieses Gebildes die ziemlich willkürlich gezogenen Binnengrenzen als gültig hinnehmen, wo diese doch den ethnischen Siedlungsgegebenheiten nicht entsprechen und durch internationale Verhandlungen nicht abgesichert sind? Warum sollten im ehemaligen Jugoslawien ausgerechnet nur sechs legitime Republiken existieren? Warum sollten es nicht acht sein? Oder noch mehr? Und warum sollte die internationale Öffentlichkeit nicht das Recht der Albaner und der Ungarn auf Autonomie beziehungsweiße Anschluß anerkennen? Wenn sich die Kroaten von Jugoslawien trennen dürfen, warum dürfen sich dann die Krainer Serben nicht von Bosnien, die Albaner nicht von Serbien und Mazedonien, die Ungarn nicht von der zu Serbien gehörenden Wojwodina? Wenn die Europäische Gemeinschaft neue Grenzen als internationale Grenzen anerkannt hat, warum könnte sie dann den eingeschlagenen Weg nicht weiter verfolgen, mit dem Ziel nämlich, die ethnischen Gemeinschaften durch den Grenzverlauf möglichst wenig zu beeinträchtigen? Und wie groß müßte eine ethnische Gruppe sein, um als Nation akzeptiert zu werden? Die Nation ist eine Frage der Selbstdefinition, eine kulturell-ethnische Gemeinschaft bezeichnet sich als politische Gemeinschaft. Wenn du mit zwei Millionen Menschen eine Nation sein kannst, warum solltest du es nicht auch mit einer halben Million sein können? Wenn jenes größere Stück abbröckeln konnte, warum sollte das nicht auch mit jenem kleineren Brocken möglich sein?

Wie läßt sich eine solche einseitig deklarierte Trennung von außen legalisieren, wenn sie nicht auf einem bilateralen Abkommen der Parteien basiert, wenn in Sachen Aufteilung des Staatsgebiets, der Bevölkerung, der Güter, Außenstände und Schulden weder vertragliche Absprachen getroffen noch gerichtliche Entscheidungen gefällt worden sind? Ist es ein Wunder, wenn die unmittelbar Betroffenen mangels gesetzlicher Regelungen mit Waffengewalt versuchen, ihren vermeintlichen Rechten Geltung zu verschaffen und so das Recht des Stärkeren die Oberhand gewinnt? Akzeptieren wir in ein und demselben Gebiet mehrere Legitimitäten, und gehen wir ohne konstitutionelle internationale Rechtsprozedur von einer Souveränität zur Anerkennung einer anderen über, dann übernehmen wir für den Krieg der Milizen unvermeidlich Verantwortung.

Wenn ohne Vereinbarung nationale Milizen entstehen, warum wundern wir uns dann, daß deren Legitimität von der bisher allein legitimen Armee nicht anerkannt wird, daß diese sich erst dann mit deren Existenz beziehungsweise mit dem Verzicht auf das gesetzlich verankerte Bewaffnungsmonopol abfindet, wenn die sich ihr widersetzenden Kräfte zum Nachgeben gezwungen werden, wenn sie sich der Übermacht beugen müssen, nicht aber der Verfassung des Staatenbunds, nicht dem auf Verhandlungen und Verträgen basierenden internationalen Recht? Warum also wundern wir uns, daß sogar in Dörfern eigene Milizen aufgestellt werden, die gelegentlich auch Räuberbanden gleichen? Im allgemeinen sind die irregulären Militärverbände bemüht, sich von allen möglichen anderen bewaffneten Organisationen unabhängig zu machen, weil sie sich mit ihrer wechselseitig in Abrede gestellten Legitimität allesamt gewissermaßen auf ein und demselben Niveau befinden. Da von waffenkundigen und draufgängerischen Gebirgsbewohnern die Rede ist und da die Rechtsordnung nun einmal gestört ist, sind die Kräfteverhältnisse der Waffenträger ausschlaggebend. Doch ein jeder von ihnen, das müssen wir uns bewußtmachen, hat Angst um sein Haus, um seine Familie, und alle meinen sie, sich für den Tod der Ihren zu rächen. Bevor wir irgendeine Entscheidung treffen, sollten wir an den Libanon, an Afghanistan, an Sizilien denken. Und warum sollten wir nicht eben an den Balkan denken?

Unausweichliche Folge der Ungesetzlichkeit, der Zerrüttung der Autorität und der wechselseitigen aggressiven Entfremdung ist die territoriale Homogenisierung geworden. Erkennen wir das Prinzip des homogenen Nationalstaats an – und dies haben wir getan, beziehen wir uns doch auf Regierungen, die verfassungsmäßig einen homogenen Nationalstaat repräsentieren –, dann sind wir verantwortlich für die nationale Homogenisierung der Territorien mit gemischter Bevölkerungsstruktur, dann sind wir verantwortlich für militärische Aktionen zwecks ethnischer Säuberung, das heißt dafür, daß die Minderheiten wechselseitig aus jenen Gebieten vertrieben werden, die der Mehrheitsnation gehören oder die gute Aussichten besitzen, mit Hilfe einer erhofften Grenzregulierung in deren Besitz überzugehen, geleitet von der Überzeugung, daß der internationalen Öffentlichkeit letztlich nichts anderes übrig bleiben wird, als geschaffene Fakten zur Kenntnis zu nehmen.

Die Konfliktparteien wissen, daß die Milizen der infolge der deutschen Besatzung auseinanderfallenden südslawischen Nationen während des Zweiten Weltkriegs wechselseitig jeweils annähernd eine halbe Million Menschen abgeschlachtet haben. Die Konfliktparteien erinnern sich daran, daß sich die guten Nachbarn die schrecklichsten Ungeheuerlichkeiten zuschulden kommen ließen. Auf den Kirchen lastet wegen der zerrütteten Verhältnisse eine außerordentliche Verantwortung. Noch steht uns deutlich die Zeit des Kriegs vor Augen: Katholische und orthodoxe Priester hetzten ihre Gläubigen aufeinander los, und unter Anrufung Gottes heiligten sie die fiktiven nationalen Grenzen zwischen denen, die wegen der gemeinsamen Sprache Brüder und Schwestern waren. Kann es als weise bezeichnet werden, in ethnischen Stammeskonflikten durch ein Machtwort Stellung zu beziehen? Sollte es nicht weiser sein, darauf zu beharren, daß die Rechte eines jeden Bewohners dort garantiert sein müssen, wo er lebt, und zwar unabhängig davon, welcher Religion und Nation er angehört?

Die Botschaft der internationalen politischen Gemeinschaft war halbherzig; universalistisch die Rhetorik, partikularistisch die Praxis. Und nun ist diese internationale Gemeinschaft verwirrt, weiß sie doch nicht, bis zu welcher Grenze sie partikularistisch sein soll, wo ein Punkt zu setzen ist, wo dem Zerstückelungsprozeß Einhalt geboten wird, werden muß, den man übrigens innerhalb der Europäischen Gemeinschaft mißbilligt. Doktrinen freilich vermögen die Wirklichkeit nicht zu überwinden. Und wer versucht, bei den Betroffenen statt der einen blödsinnigen Doktrin eine andere blödsinnige Doktrin durchzusetzen und um deretwillen nicht einmal vor Gewaltanwendung zurückschreckt, der setzt sich dem Verdacht aus, daß seine Schritte manch andere Beweggründe haben mögen, keinesfalls aber dazu angetan sind, die betroffenen Völker und das Leben der Menschen zu schützen.

In der östlichen, vielleicht aber auch in der westlichen Hälfte Europas muß man mit einer romantischen Gegenströmung rechnen. Wer bisher offen sein wollte, würde sich jetzt lieber verschließen. Menschen, die Angst vor Unbestimmtheit haben, klammern sich an die Fahnenstange. In den Rang der Religion möchte sich das kollektive Ego erheben. Zum Sterben entschlossene Jünglinge opfern ihr Leben auf dem Altar der nationalen Gottheit, angesichts des Waffengetöses scheint der Herr der Heere in Mode gekommen zu sein. Je weniger Zeit eine Nationalkultur zur Verfügung hat, desto eher neigt sie zu romantischer Überschwenglichkeit. Besitzen wir keinen gängigen nationalen Bafel, dann sollten wir wenigstens eine nationale Mythologie unser eigen nennen, ja selbst eine Gottheit. Unausweichlich schöpft der Schwache den Verdacht, daß der Starke unter dem Vorwand europäischer Ziele nationale Ziele zu verwirklichen trachtet. Die Vorstellung, daß die westliche Hälfte Europas vom Geist der Zerstückelung unberührt bleiben wird, ist ein Irrtum. Solange es jemanden gibt, der besser und jemanden, der schlechter fährt, werden Ressentiments und vielerlei Partikularismen immer und immer wieder aufeinanderstoßen, und das mit viel Mühe errichtete und dennoch unvollkommen bleibende Gebäude vorhandener Integrationen wird in Frage gestellt werden.

Es kommt vor, daß Nicht-Handeln und Nicht-Parteiergreifen von mehr Weisheit zeugen als Handeln und Parteiergreifen für eine Konfliktpartei. Europa sollte sich nicht erst dann als Friedensstifter versuchen, wenn das Feuer ausgebrochen und der Tanz bereits in vollem Gange ist. Das Feuer darf sich nicht zu einem Flächenbrand ausweiten, darf nicht in Windeseile die gesamte Region erfassen. Gräben müssen das Überspringen der Funken verhindern, der Brand muß isoliert werden; darin besteht die Aufgabe der dritten Seite. Die Flammen lodern auf und erlöschen, die Wogen der Leidenschaften schlagen hoch und stürzen in sich zusammen. Wer nicht abwarten kann, und sei es resigniert, bis die kämpfenden Parteien müde werden und zu sich kommen, der verpaßt den geeigneten Zeitpunkt des Einschreitens, wenn sich das Ziel mit den geringsten Menschenverlusten erreichen läßt. Die Moral der Kriegspartei unterscheidet sich von der des internationalen Polizisten: Der kämpfende Gegner schadet dem Großen über die vielen Kleinen, der internationale Polizist dagegen versucht, der Rädelsführer habhaft zu werden. Im Idealfall würden die zur Gewalt aufrufenden Wortführer von der europäischen Polizei zwecks Prävention vorübergehend in einer geschlossenen Anstalt untergebracht werden. Sollen sie ihren Haß doch bei erstklassiger gastronomischer Versorgung in intimer Atmosphäre unter ihresgleichen versprühen. Europas Sache ist es, die Konfliktparteien an den Verhandlungstisch zu bringen und eine Plattform für einen Vergleich vorzuschlagen. Von Voreingenommenheit und ideologischem Engagement muß sich die dritte Partei freimachen. Die Entwicklung komplexer und einmaliger vertraglicher Formeln sowie die Überzeugung der Konfliktparteien vom Sinn der gemachten Vorschläge, darin besteht unsere Aufgabe. Zu nicht mehr und nicht weniger sind wir verpflichtet. Und dort, wo der mannhafte Geist nationaler Herrschaft und Würde hemmungslos tobt, hat das Rote Kreuz im Dienst ewiger Barmherzigkeit gewaltfreie Hilfe zu leisten.

Da die Unsicherheit der Ostgrenze jenen grenzsensiblen Teil der Europäer, der sich nachhaltig abzuschotten wünscht, in Schwierigkeiten bringen kann, und da sich der Eiserne Vorhang in seiner ursprünglichen Form nur schwer wiederherstellen läßt, bildet sich eine abgestufte Abgrenzung heraus. Die Integration ganz Osteuropas in die Europäische Gemeinschaft ist ein Ding der Unmöglichkeit. Das Prinzip stufenweiser Annäherung wird auf die Landkarte projiziert, und die verschiedenen Zonen vorhandener Chancen werden markiert. Die Peripherie wartet auf Einlaß. Da drinnen und da oben werden die Generalstäbe, wenn sie die Zeit für gekommen halten, darüber befinden. Manch einen verwirrt das Warten, und schon geben sie die Hoffnung auf, sie kommen auch so zurecht, sie richten sich ein. Und wenn sich das Warten allzu lange hinzieht, kann das Objekt des Liebessehnens seine Anziehungskraft verlieren. Den Wartenden in den Randbezirken fällt ein, daß es dereinst eine Monarchie gegeben hat, die vom siegreichen Westen demontiert worden ist, als hätte den der Gemeinsame Markt Mitteleuropas gestört. Die Nationalismen Osteuropas sind postföderative Nationalismen, und darin besteht ihr Schönheitsfehler. Statt in den vorhandenen Föderationen würdige Formen des Zusammenlebens zu entwickeln, zerschnitten sie ungeduldig und beleidigt die bestehenden Beziehungen. Den Rat für gegenseitige Wirtschaftshilfe, den Comecon, gibt es nicht mehr. An seine Stelle ist nichts anderes getreten. Die für den RGW-Markt produzierenden Fabriken sind stillgelegt worden, die Arbeitslosen genießen die Aussicht, in ferner Zukunft vielleicht zum Westen zu gehören.

Osteuropa braucht auch weiterhin konföderative Lösungen. Sie würden den Lostrennungen einen Rahmen geben. Ihr könnt nicht leben in Jugoslawien? Ihr könnt nicht leben in der Tschechoslowakei? Dann lebt in Mitteleuropa, das sich nur stufenweise aufbauen lassen wird. In einer größeren Gesellschaft kommen auch unausstehliche Nachbarn miteinander aus. Dieses große ethnische Gebiet und dieser beachtliche Wirtschaftsraum sind nicht von der Bildfläche verschwunden, und gewiß ist es nicht klug, ihn lediglich als einen Trümmerhaufen zu betrachten. Die Öffnung über den Balkan zum Nahen Osten und über Rußland nach Asien, darin ist für Europa eine Herausforderung zu sehen. Sich verschreckt einzuigeln ist ähnlich schlimm wie die gesamteuropäische Besserwisserei. Nachbarschaft geht mit besonderer Verantwortung einher. Die demokratische Bewegung Osteuropas hat es geschafft, ohne Gewalt auszukommen und die demokratische Wende eigentlich ohne Blutvergießen zu erreichen. Der Geist der Gewaltfreiheit und der praktische Widerstand sowie die spätere Strategie der Vertragsverhandlungen haben sich bewährt. Sollten die Nationalismen in ihrer Ungeduld darauf verzichten und den gegebenen Konflikt auf waffensensible Gebiete übertragen, so werden sie nicht nur eine Flut von Leiden hervorrufen, sondern auch auf längere Sicht eine beschwichtigende Handhabung des für sie existierenden Konflikts verhindern.

Auch weiterhin erscheint es lohnenswert, über einen mitteleuropäischen Ausgleich nachzudenken, der über eine Zwischenstufe zu einer gesamteuropäischen Integration führt, zu einer demokratischen Verfassung Europas, damit wir nicht meinen, uns wegen der Nervosität, die angesichts der Spannung des Wartens um sich greift, gegenseitig totschlagen zu müssen.

Aus dem Ungarischen von Hans-Henning Paetzke

Giwi Margwelaschwili

Die Verunsicherung als ontotextologisches Problem

Als ein aus dem sowjetischen Osten in den Westen gelangender Mensch wundert man sich zumeist sehr, wenn einem hier die Meinung vorgetragen wird, das westliche Lebenssystem sei morsch, es wanke schon in allen seinen Fugen, es sei von unlösbaren inneren Widersprüchen gekennzeichnet, dem unvermeidbaren Untergange geweiht usw. Denn genau diese Systemkritik bekam man ja viele Jahrzehnte lang in Sowjetrußland zu hören. Sie war hier ein wichtiger Teil jenes marxistisch-leninistischen Ontoprogramms oder Ontokodes, der das Bewußtsein ideologisch geformt hat und der es denken ließ, der Westen sei als Lebensordnung ein Irrweg in der Entwicklungsgeschichte der Menschheit, also etwas, das hier durch eine grundsätzlich neue, um so viel vernünftigere, eben sozialistisch-kommunistische Weltanschauung abgelöst werden müsse.

In der Sowjetunion wurde diese Ansicht – besonders in der späteren Nachkriegszeit (etwa seit Anfang der sechziger Jahre) – von immer weiteren Teilen der Bevölkerung als lächerliche Lügenpropaganda aufgenommen. Man ließ sie gelten, sie war ja Teil des offiziellen ideologischen Ontoprogramms, und so war es auch gefährlich, sich öffentlich dagegen aufzulehnen. Aber man glaubte einfach nicht mehr daran, oder anders gesagt: Man entzog sich dieser ideologischen Programmierung, weil die Erkenntnis der größeren Produktions- bzw. Lebensfähigkeit des Westens sich bei den Leuten immer mehr ausbreitete und der Glaube an die Richtigkeit des sowjetischen Ontoprogramms oder Ontotextes mit den Jahren überall merklich nachließ. Der durch den Prozeß der Perestroika ausgelöste Zusammenbruch der Union war dann nur noch die historische Bestätigung dieses ontotextologischen Zweifels: Der Westen hatte sich in dem ideologischen Duell als lebenskräftiger erwiesen.

Wenn man als Träger solcher Lebenserfahrung im Westen mit der ideologischen Kritik des Westens konfrontiert wird, löst das immer Überraschung aus: Wie das? So wäre das ideologische Ontoprogramm des sowjetischen Ostens doch kein so unwahres gewesen, wie man geglaubt hatte? Müßte es, wenn selbst im Westen mindestens der kritische Teil dieses Ontotextes Gültigkeit besaß, wenn er selbst hier das Bewußtsein formte, nicht doch auch Wahres enthalten haben? Oder hat etwa die sowjetische Ontokritik des Westens auch manches Bewußtsein im Westen blenden (ontotextologisch beeinflussen, formen) können? Hat sie in den hier politisch links Stehenden eine textologische Stütze gefunden und sich behauptet, während sie in ihrer eigentlichen Heimat längst abgelegt und verworfen worden war?

Im folgenden versuchen wir diese zwei möglichen Ansichten des Besuchers aus dem Osten ontotextologisch zu widerlegen und zu beweisen, daß weder die eine noch die andere das im Westen formulierte kritische Denken über den Westen richtig, nämlich von seinem ontoprogrammatischen Wesen her, begreift.

Zu der Ansicht, daß die sowjetische Ontokritik des Westens doch richtig gewesen sein müsse, weil diese Kritik sich mindestens in ihren allgemeinsten Zügen auch im Westen findet und von den in ihrer Erfahrungswirklichkeit Lebenden aufgenommen und behauptet wird, muß gesagt werden, daß sie ontotextologisch anfechtbar ist. Denn dann müßte man ja annehmen, daß diese Kritik vor allem einen faktuellen Sachverhalt zum Ausdruck bringt, also etwas ist, das nur den Tatsachen entspricht und über sie hinaus nichts aussagt. Nur so wäre dann erklärbar, daß dieses Tatsächliche als etwas von der sowjetischen Ideologie Aufgegriffenes und kritisch Verarbeitetes, von ihr also weltanschaulich Ausgelegtes, auch in ihr Gedankensystem Eingang fand und der Zusammenfall der kritischen Meinungen in den zwei ideologisch differenzierten Welthälften auf solche Weise zustandekam.

Dieser Interpretation aber steht der Umstand entgegen, daß die im Westen geäußerte Kritik des Westens, weit davon entfernt, nur auf Tatsachen beschränkt zu sein, auch Mögliches betrifft, also wesentlich ebenfalls eine ideologisierende, weltinterpretierende Auslegung ist. In der Kritik wird ja der Untergang des Abendlandes, die Apokalypse, vorausgesagt. Sie ist also im Prinzip auch auf einer Zukunftsidee gegründet. Hielte man also an der besagten Ansicht fest, so würde das heißen, daß die sowjetische Ideologie nicht Tatsachen, sondern wiederum nur Ideologisches verarbeitete, daß sie eine Ideologie des Ideologischen war und nicht des Tatsächlichen, d.h. präideologisch in der (westlich-kapitalistischen) Welt Vorhandenen. Nun wäre aber eine Ideologie des Ideologischen reine Futurologie, also etwas, das nur für relativ Wenige verbindlich sein könnte; sie verfehlte ihren Sinn als ein sowohl auf die Vergangenheit als auch auf die Gegenwart bezogenes, d.h. allen allzeitlich gültiges Theorem. Diese Überlegungen führen uns hier auch noch auf die Frage, von welcher Art die Tatsächlichkeit sein könnte, welche der Ontokritik des Westens im Westen selbst und im Osten zugrundeliegt.

Die Meinung des Besuchers aus dem Osten, die sowjetische Ontokritik des Westens habe im Westen Anhänger gefunden und sie habe das Bewußtsein hier ebenso formen können wie das von Millionen einstiger Sowjetbürger, ist auch deshalb zu bezweifeln, weil die Ontokritik in den beiden Fällen bei aller Ähnlichkeit ihres Inhalts doch grundverschieden ist. Im sowjetischen Osten war sie die Kritik einer als prinzipiell unterschiedlich betrachteten, nicht-sowjetischen Denk- und Lebensweise. Im Westen war (und ist) sie Selbstkritik. Diese aber setzt voraus, daß man über sich selbst nachgedacht hat und zu den entsprechend negativen (oder jedenfalls skeptischen) Schlußfolgerungen gekommen ist. Selbstkritik wird nicht übernommen, sie wird an sich selbst geübt.

Wenn also die beiden Meinungen über die sowjetische Ontokritik des Westens, welche ein Besucher aus dem Osten bei sich ausbilden kann, nicht richtig sind, wie ließe sich dann der Tatsachenwert dieser Kritik – falls er überhaupt besteht – näher erklären, und in welchem Verhältnis wäre diese Kritik und ihr ideologisches Gegenstück – die Selbstkritik des Westens – exakter zu denken? Worauf die sowjetische Ontokritik des Westens tatsächlich zielte, war das Moment der Verunsicherung in den Denk- und Lebensweisen des Westens, das Moment der textologischen Offenheit des sich hier freier entfaltenden individuellen Bewußtseins, deren maximaler Ausdruck die Verunsicherung ja einzig nur sein kann. In ontothematischer Offenheit oder Freiheit leben muß auch immer ontothematische Unsicherheit, die Gefahr des Scheiterns, ja auch des Unterganges mitbedeuten. Nur das Tier, das in ontothematischer Unfreiheit lebt, das in seinem thematisch geschlossenen Ontoprogramm oder Ontotext gegeben ist, existiert geschützter (jedenfalls wird es nie selber Gefahren für sich heraufbeschwören). Die sowjetische Ontokritik des Westens war eine Kritik der ontothematischen Freiheit des Bewußtseins als Quelle seiner dauernden und stetig wachsenden Verunsicherung. Das ist der Tatsachenwert dieser Kritik, der sie aber trotzdem nicht rechtfertigen kann: Ihren Vorschlag, das Ontoprogramm der Unsicherheit mit dem marxistisch-sozialistischen Ontoprogramm der Sicherheit zu ersetzen, hat die geschichtliche Entwicklung in Sowjetrußland abgewiesen.

Die Selbstkritik des Westens ist sich der ontothematischen Freiheit des Bewußtseins als Quelle seiner wachsenden Verunsicherung wohl bewußt, aber sie kann kein effektives Gegenmittel dazu beibringen. Das ist wenigstens bis heute so. Sie kann nur – nach der Art und Weise der Ideologien – futurologische Schreckensbilder entwerfen, die, wie wissenschaftlich abgestützt auch immer, völlig unfähig sind, weltweite und weltweit wirksame Gegenreaktionen auszulösen. Aber vielleicht hat die Selbstkritik des Westens bis heute im Grunde nur die Funktion, das Bewußtsein der Verunsicherung wachzuhalten und die Möglichkeit für eine schnelle korrigierende Selbstbesinnung im großen Stil in der Welt offen zu halten? Dann wäre sie im wesentlichen nur als eine bestimmte (negative) Ausdrucksform für die prinzipielle thematische Offenheit des menschlichen Ontoprogramms zu verstehen, also gerade nur als Aufruf zu optimaleren Lebensvarianten, welche aber praktisch erst noch akzeptiert, gefunden, ausprobiert werden müssen usw.

Die sowjetische Ontokritik des Westens verhält sich zu der Selbstkritik des Westens wie ein ideologisch verfälschtes Ontoprogramm zu seinem wahren, die Dinge unverfälscht zum Ausdruck bringenden Gegenstück. Der sowjetrussische Ontokode verstand sich als Programm der vollkommensten existenziellen Sicherheit. Er war völlig blind gegen die Verunsicherungen seines eigenen Ontokontextes und wollte solche Fehler nur auf der ihm ideologisch entgegengesetzten Welthälfte wahrhaben. Nun ist aber die Verunsicherung ein unabdingbarer Faktor für das Menschenleben als ontothematisch offenem Text. Ja, sie scheint auch für alle anderen Lebewesen in demselben ontotextologischen Sinne konstitutiv zu sein. Eine bestimmte Schildkrötenart kann z.B. nur im heißen Ufersand schlüpfen. Aber dann hat dieses Lebewesen den kleinen Abstand bis zum rettenden Uferstrich in Windeseile zu durchlaufen, weil – und das ist in diesem Ontoprogramm die Verunsicherung – eine bestimmte Vogelart in der Luft nur darauf wartet, diesen Leckerbissen aufzufressen. Die Verunsicherung ist Bestandteil des Ontoprogramms aller Lebewesen, und der Mensch macht da keine Ausnahme. Sie in seinem eigenen Programm vertuschen wollen, kann für dieses Programm nur schädlich sein. Das zeigt das Beispiel des sowjetischen Ontokodes: Er wollte sich und anderen seine eigene Verunsicherung nicht zugeben und ist an ihr zerbrochen.

Von einer weiteren Überraschung, die den Besucher aus dem vormalig sowjetischen Osten im Westen unweigerlich überfällt, muß hier die Rede sein. Den Warenreichtum, den er hier in den Läden sieht und mit dem das armselige Angebot, das er bei sich zu Hause zu sehen gewöhnt ist, sich in keiner Weise vergleichen läßt, hielt er immer für das logische und in jeder Beziehung rechtmäßige Resultat einer von aller ideologischen Kodierung befreiten wirtschaftlichen Initiative und arbeitsamer Tüchtigkeit. Er hat dies immer als leuchtendes Vorbild bewundert und auch bei sich zu Hause zu sehen gewünscht.

Daß dieser Warenreichtum einen in jeder Beziehung problematischen, auf die Dauer in keiner Weise zu haltenden Wohlstand anzeigt und daß er eine von inneren Widersprüchen aufgeblähte Seifenblase sein soll, die unaufhaltsam jenem kritischen Zeitpunkt zuwächst, wo sie platzt und wie ein herrlicher Spuk von der Erdoberfläche verschwindet, das wird ihm nur schwer in den Kopf gehen.

Als eine Ursache für diesen Zusammenbruch wird gewöhnlich der Andrang der Millionenheere von Wirtschaftsflüchtigen aus der dritten Welt vor den Grenzen der ersten vorgestellt, welche auf die Dauer nicht mehr zu halten sind und in das Eldorado durchbrechen, es überfluten und – da der Segen ja nicht für alle reicht – vollständig ruinieren.

Wenn der Besucher aus dem Osten im Westen auf solche Meinungen stößt, so gruselt es ihn, weil er sich dann wieder an die sowjetische Ontokritik des Westens erinnern muß, die ja von dem Warenreichtum im Westen prinzipiell auch nichts anderes behauptet hat. Und die These von der schamlosen Ausbeutung der dritten Welt durch den kapitalistischen Westen war ebenfalls ein zentraler Punkt im Ontoprogramm des Marxismus-Leninismus. Die Vorstellung von den Heeren der Wirtschaftsflüchtlinge und der Gefahr, die sie für den Westen bedeuten, ist nur eine der praktischen Konsequenzen aus der sowjetischen Kritik des Kolonialismus und in diesem Sinne auch schon so etwas wie eine Rechtfertigung dieser Kritik. Der Ostmensch macht also auch hier noch einmal – denn ein ähnlich dialektisches Erlebnis hat er ja als einstiger Sowjetbürger schon hinter sich gebracht – für sich die Erfahrung, daß in jedem Ontoprogramm die Lebenssicherheit problematisch ist und bleibt. Als Ostmensch aber, d.h. als Mensch, der die Zwangsimpfung mit einer Utopie über sich ergehen lassen mußte und der trotz allen Abscheus und inneren Widerstrebens mindestens eine Injektion davon mitbekam, wird er sich weigern, den westlichen Pessimismus hinsichtlich des Westens anzunehmen, er wird hier mit Eifer die Ansicht verfechten, daß die Probleme des Westens mit Vernunft und Geduld mindestens teilweise zu lösen sind, daß politische und wirtschaftliche Initiativen den Zusammenbruch immer weiter hinausschieben und die Gefahr auf Abstand halten können. Und der Ostmensch wird, wenn er das alles beharrlich behauptet, vor vielen hier vielleicht als ein Naivling betrachtet werden, aber er wird, und darauf wollen wir hier hinaus, mindestens ontotextologisch ebenso recht haben, wie die Vertreter der entgegengesetzten Ansicht, die Skeptiker im Westen und die ehemaligen sowjetischideologischen Kritiker im Osten. Denn das Ontoprogramm des Bewußtseins ist ein offener, d. h. unter anderem auch auf Selbstkorrektion angelegter Text, ein Text also, in dem man immer noch hoffen kann und muß.

Wir kommen in dieser Liste der von einem Besucher aus dem Osten im Westen erlebten Überraschungen jetzt auch noch zu einer, die ihn befällt, wenn er ein Vertreter irgendeiner nationalen Minderheit, z. B. ein Georgier, ist. So ein Mensch muß hier hören, daß es für sein Volk nicht ratsam sei, sich von Rußland zu lösen, daß es für den wirtschaftlichen Aufschwung besser wäre, in dem Verband mit Rußland zu bleiben und keine prinzipielle (politische) Unabhängigkeit zu suchen, zumal so etwas immer die Gefahr von Konflikten mit Nachbarstaaten heraufbeschwören und auf diese Weise den ganzen Kontinent mit einem neuen Krieg beunruhigen oder mindestens mit den Folgen solcher militärischen Auseinandersetzung belästigen könne. Wenn der Besucher aus dem Osten so etwas oder ähnliches hört, wird er unweigerlich wieder an das erinnert werden, was er in den langen Jahrzehnten vor dem Zusammenbruch des sowjetischen Imperiums von linientreuen Russen zu hören bekam: Daß nämlich sein Land viel zu klein, ökonomisch viel zu unbedeutend sei, um in der Völkergeschichte heute noch seine eigenen Wege zu gehen und daß es für es viel besser sei, den großen Bruder – in diesem Falle Rußland – schützend an seiner Seite zu wissen, daß ihm unter diesen Fittichen von anderen angriffslustigen Staaten des nahen oder fernen Ostens nichts mehr geschehen könne – kurz: daß der starke wirtschaftliche und politische Arm des großen Bruders es schon aus allem Ungemach heraushalten werde usw.

Der Besucher aus dem Osten wird, wenn er ein bißchen über die seltsame Parallelität der beiden Denkweisen nachgedacht hat, feststellen müssen, daß sie Ausdruck eines Nichtverstehenkönnens oder -wollens jener ontokontextuellen Grundwahrheit ist, daß auf allen Rängen der Lebewesen die größeren Zusammenhänge immer Synthesen einer vielfältigen Verschiedenheit sind: Schon auf einer Sommerwiese ist keine Pflanzenart der anderen absolut ähnlich. Eine jede ist hier verschieden, sehr oft sogar grundverschieden und belebt und verschönt durch die Differenz die Harmonie des Ganzen. Der georgische Besucher im Westen wird also, wenn er hier die Ansicht hört, Georgien täte am besten, sich wieder mit Rußland zu vereinigen, vom Zweifel an der ontotextologischen Richtigkeit dieser Meinung befallen werden. Und er wird, weil es kein besseres Gegenargument zu der besagten Meinung gibt, einfach schweigen und den verbissenen, bis heute durch nichts zu schlichtenden Kampf der Völker Jugoslawiens gegen Jugoslawien für sich sprechen lassen.

„Zerschlagt die Treuhand, richtet VEB-s ein!" steht an einer Wand am Alexanderplatz zu lesen: ein richtiger ontoprogrammatischer Text, ein Ontoprogramm, das das Abgeschüttelte wieder eingesetzt haben möchte. Für einen tieferen, ontotextologischen Vergleich ist es auch eine sehr bedeutungsvolle, sehr wichtige Beschriftung. Denn was lehrte der marxistisch-leninistische Ontotext? Er lehrte, daß die von ihm geforderte und geschaffene soziale Wirklichkeit die einzig wahre ist und daß es sinnlos wäre, das wieder rückgängig machen zu wollen. Ist die besagte Inschrift und ähnliche an den Mauern Berlins nicht schon so etwas wie ein faktueller Beweis dieser Sinnlosigkeit? Ist das, was man überwunden und abgelegt zu haben glaubte, dadurch nicht wieder angemeldet? Geht es im Grunde, nämlich ontotextologisch, nicht wieder von Neuem los? Und der Besucher aus dem Osten, für den, besonders wenn er ein Georgier ist, die Wiedervereinigung Deutschlands etwas besonders Teures, nämlich ein den Zerfall des sowjetischen Imperiums auf seine Weise markierendes politisches Ereignis ist, wird sich vor den Proklamationen auf den Berliner Häuserwänden und vor der Verunsicherung, die ihm von dort entgegenschlägt, wieder angstvoll dessen bewußt werden, was er im Westen schon so viele Male festgestellt hat: nämlich daß der ontotextologische Gegensatz, der unser Jahrhundert geprägt hat, noch immer weiterwirkt, daß er gerade da, wo man ihn schon für immer verschwunden wähnt, fortfährt, das Zusammensein zu problematisieren.

In der nun schon mindestens zwei Jahrzehnte währenden Diskussion zur ökologischen Einbettung der Technik und zur Verhütung des Ökozids fehlt es auch nicht an

Versuchen, das Problem ontotextologisch anzufassen und zu lösen. So wird uns z.B. der Kantsche Kategorische Imperativ mit Hinsicht auf die heutige globale Verunsicherung etwas modifiziert vorgetragen. Er heißt nun: „Handle so, daß die Wirkungen Deiner Handlung mit der Permanenz echten menschlichen Lebens auf Erden verträglich sind." Das ist ein schöner ontoprogrammatischer Satz, und ebenso verheißungsvoll klingt die Wendung „Du sollst, denn du kannst" als Umkehrung des Kantschen „Du kannst, denn du sollst". Aber alle diese und ähnliche Ontotexte besitzen keine Zugkraft; sie werden eben nur gelesen, dabei sicherlich auch bewundert, akzeptiert und dann – wieder vergessen, weil das, worum es sich da eigentlich dreht, unser Gegenwartsbewußtsein noch nicht unmittelbar berührt hat, weil diese Texte ideologisch, d.h. futurologisch, zu uns reden.

Dieses prinzipielle ontotextologische Unverständnis kommt gerade auch in dem Heideggerschen Begriff der Seinsvergessenheit zum Ausdruck. Die Seinsvergessenheit ist die Vergessenheit, in die der ontoprogrammatische Sinn von Sein (die Eigentlichkeit) geraten ist. Sie ist das sich nicht mehr Erinnernwollen (-können), daß du den Sinn von Sein zu erkennen hast, daß du ontoprogrammatisch (also nicht nur für dich selbst, sondern auch für alle anderen) jetzt gleich, sofort und auf der Stelle etwas tun sollst.

Aber andererseits sagt uns Heidegger auch: Das Vergessen ist nicht Nichts. Das heißt, es kann durch die ontotextologische Erinnerung und Selbstbesinnung überwunden werden. Solche Möglichkeit schließt die Existenzialontologie nicht aus, und in diesem Sinne ist sie auch schon Ontotextologie der Existenz, schon ein Philosophieren über sie als das ontothematisch freie (unverschlossene) Sein.

Walther Ch. Zimmerli

Das Abendland nach seinem Untergang

Europa zwischen Dualismus und Pluralismus

Zeiten gibt es, da vertrocknen die Informationen an der Quelle, da zerrieseln die Gedanken im Gehirn, da verwelken die Worte im Munde, da entwertet sich das Geld beim Drucken. Solche Zeiten der Ereignisverdichtung laden lächelnd zum Leiden an der Zeit, und das reicht von der Unheilsprophetie beim zugegebenermaßen kärglicher gewordenen russischen Kaviar bis zur klammheimlichen Freude des Westpharisäers an der mißlingenden Turnübung drüben: Noch wird nichts aus dem Aufschwung Ost, und in Jugoslawien schießen sie gar noch ‚unser' schönes Urlaubs-Dubrovnik in Trümmer! Wer gestern zu wissen meinte, wie die Geschichte morgen aussehen wird, scheut sich heute bereits vor dem Blick in die Zeitung, und dem Philosophenwort von der Beschleunigung der Zeit und der Verkürzung des Aufenthalts in der Gegenwart wachsen Flügel.

Wer daran zweifelt, daß wir in solchen Zeiten leben, dem sei ein Blick auf das Veralten der Europa-Belletristik der letzten Jahre empfohlen – ein Lehrstück in Sachen Makulaturwerdung der Literatur! Nicht nur hat Europa 93 durch Europa 89 allerhand an Beulen und Schäden davongetragen, sondern Maastricht 91 ist durch Kopenhagen 92 in seinen Grundfesten erschüttert, ganz gleichgültig, wie die offizielle Rhetorik darüber ausfallen mag.

Solche Zeiten, in denen kein Stein auf dem anderen bleibt, sind Zeiten, die vordergründig nach Handeln schreien. Neue Konzepte, neue Verträge, neue Verhandlungen, neue Abstimmungen auf der einen oder ‚Augen zu und durch!' – Verhalten auf der anderen Seite scheinen die Alternativen zu sein, tertium non datur. Beim zweiten Betrachten allerdings zeigt sich bereits – Glück im Unglück! –, daß blinder Eifer hier nur schadet. Was nottut, ist neuerdings wieder etwas ganz Altes: Wer die Orientierung verloren hat, tut gut daran, neu über sie nachzudenken. Mögen die anderen sich den Kopf über die europäische Währung zerbrechen (mir als einem in Bamberg und Erlangen lehrenden Schweizer soll es nur recht sein, daß alles auf Franken hinausläuft!), wir sehen darin die Chance recht eigentlich europäischen Denkens, d.h. die Chance der Philosophie! Nutzen will ich sie, indem ich mich zu fünf gedanklichen Durchgängen aufmache: Begonnen werden soll damit, den Topos vom Untergang des Abendlandes auf seine fruchtbaren Elemente hin zu reduzieren (I). Der Horizont des politischen Weltdenkens, der sich dabei erschließt, ist der des Übergangs vom Dualismus zum Pluralismus (II). Das Denken eines Europa-Innenpluralismus wird Anlaß dazu bieten, dessen weniger erfreuliche Konsequenzen der neuen Regionalismen, Nationalismen und Fundamentalismen zu bedenken (III). Dem Verhältnis von Politik, Wirtschaft und Technologie ist sodann nachzufragen (IV), um von dort den Bogen zur Vision eines neuen Europa im Außenpluralismus der Weltzentren zu schlagen (V).

I.

Wer wollte leugnen, daß unser europabezogenes Denken spätestens seit der Zeit der Décadence im ausgehenden 19. und beginnenden 20. Jahrhundert ein Denken in Untergangs-, Endzeit- und Zerfallskategorien war? Oswald Spenglers „Untergang des Abendlandes“ (1918/1922) belegt dies ebenso wie die moderne Zivilisationsschelte vieler Postmodernisten. Dabei hatten wir uns nach den Erschütterungen zweier Weltkriege und der Phase der erneuten Selbstfindung in einem europäischen Gebiet wiedererstandener Nationalstaaten gerade so bequem mit der Vorstellung eingerichtet, es sei zu Ende mit Europa, Europa spiele nun nur noch die Rolle des kranken Mannes am Bosporus gegenüber den jüngeren dynamischen Kulturen der USA und Japans, vielleicht auch des per aspera ad astra strebenden real existierenden Sozialismus ... Da – unversehens – stürzte das Weltgebäude in sich zusammen und spülte das schon untergegangene Abendland wieder an die Oberfläche. Gilt also nur, daß Totgesagte länger leben? Oder hatte die Rede vom ‚Untergang des Abendlandes' doch einen anderen Sinn als den, die Dekadenz des europäischen Kulturkreises als Zerfallssymptom zu interpretieren?

Zunächst zum Befund selbst: Das Abendland ist nicht untergegangen, weder im Sinne des Veraltens und Absterbens der Europaidee, noch, wie zu zeigen bleibt, im Sinne Oswald Spenglers. Dies zu betonen ist keineswegs überflüssig oder gar Luxus; noch nimmt die Zahl derer täglich zu, die auf die übermächtigen anderen, seien es die USA, sei es Japan, hinweisen, um ihre eigenen Projekte durch Furcht und Zittern zu unterstützen; zu bequem ist es aber auch, sich mit der gemütlichen Rolle des ewigen Dritten abzufinden, der ohnehin nichts zu melden hat, wenn die beiden Großen miteinander sprechen! Aber täuschen wir uns nicht: Die Geschichte läßt ihrer nicht spotten! Von nun an ist Europa ein wissenschaftliches, wirtschaftliches und politisches Machtzentrum, das seine Eignungstests bestehen muß. Die Schonfrist der ersten hundert Tage ist längst abgelaufen.

Auch von einer anderen Seite her droht Selbsttäuschung: Diejenigen, die seit den Römischen Verträgen unbeirrt und erfolglos an der europäischen Einheit bzw. ebenso unbeirrt aber erfolgreich an der europäischen Einheitsbürokratie arbeiteten, witterten schon Maastrichter Morgenluft. Indessen hat uns Dänemark nun vorexerziert, daß diese offene Einbahnstraße eine Sackgasse ist. Dabei hätte man es wissen können: Der frühere dänische Minister Jacobsen hatte bereits im Februar 1950 in einem Vortrag vor der Europa-Union Hamburg die (nicht nur) dänische Auffassung zum Ausdruck gebracht, daß das vereinigte Europa nicht in einen Einheitsstaat einmünden solle: „Ein vereintes Europa bedeutet nicht, daß die Nationen verschwinden werden. Wir werden Dänen, Sie werden Deutsche bleiben. Ein vereintes Europa bedeutet nicht, daß die Grenzen verschwinden werden, sondern daß sie an Bedeutung verlieren werden." (Gruner 1989, 54)

Gewiß, noch klingen die Stimmen laut, die da fordern, man möge sich um ein abweichendes Votum nicht kümmern und so tun, als ob nichts geschehen wäre. Ich selbst halte das für kurzsichtig und – in the long run – auch für historisch fatal. Ich denke vielmehr, es sollte darum gehen, die Chance zu nutzen und darüber nachzudenken, was eigentlich das vereinte Europa sein soll. Höchste Zeit dazu wäre es!

Dazu ist es gut, sich an etwas zu erinnern, das Gottfried Benn so ausgedrückt hat: „Europa wird vom Gehirn gehalten, vom Denken, aber der Erdteil zittert, das Denken hat seine Sprünge" (Benn, 1968, 1396). Damit ist – vor 45 Jahren – gesagt, was heute noch gilt: Europa ist eine vorschwebende Idealvorstellung, die einen sich in sich selbst aufsplitternden und antagonistischen Prozeß meint, den es daraufhin genauer anzusehen gilt.

Dabei könnte uns ein zweiter Blick auf den Untergang des Abendlandes helfen. Oswald Spengler hatte seine diesbezügliche These auf eine geschichtsmorphologische Basis gestellt, die die einzelnen Kulturen als lebendige Gestalten verstand, deren ‚Biographien' charakteristische Züge aufwiesen, die sie morphologisch vergleichbar machten mit früheren, bereits abgeschlossenen Kulturzyklen. Das Kennzeichen der Zivilisation war für Spengler das tertium comparationis, auf das hin sich die antike Kultur mit der des Abendlandes vergleichen ließ. Nun wäre es möglich, daß Spengler mit seiner Morphologie-Annahme recht gehabt hätte, sich aber – aufgrund des zeittypischen Vorurteils, Zivilisation sei Dekadenz – hinsichtlich des Merkmals und der Vergleichskultur getäuscht hätte. Nehmen wir mithin an, der Zivilisationsgrad innerhalb einzelner Nationen sei Vorbedingung für die Verschmelzung derselben in eine größere Gemeinschaft, ausgelöst durch den Katalysator einer bürgerkriegsartigen Auseinandersetzung. Dann wäre der morphologische Vergleichspunkt die Einigung der verschiedenen nordamerikanischen Staaten nach dem vorausgegangenen Bürgerkrieg zwischen den Yankees und den Konföderierten, dem die deutsche Einigung nach Jahren des kalten Bürgerkrieges entspräche, – die

Verschmelzung von Bundesrepublik und DDR als Katalysator der Vereinigten Staaten von Europa, der U.S.E. (United States of Europe).

Auch diese Gedanken sind allerdings nicht neu. Victor Hugo hat sie bereits 1849 als Präsident des ersten in Paris abgehaltenen Weltfriedenskongresses in die später vielzitierten prophetischen Formeln gefaßt: „Ein Tag wird kommen, wo ihr, Frankreich, Rußland, ihr, Italien, England, Deutschland, all ihr Nationen des Kontinents, ohne die besonderen Eigenheiten ob eurer Individualität einzubüßen, euch eng zu einer höheren Gemeinschaft zusammenschließen und die große europäische Bruderschaft begründen werdet ... Ein Tag wird kommen, wo es keine anderen Schlachtfelder mehr geben wird als die Märkte, die sich dem Handel öffnen, und die Geister, die für die Ideen geöffnet sind. Ein Tag wird kommen, wo die Kugeln und Granaten von dem Stimmrecht ersetzt werden, von der allgemeinen Abstimmung der Völker, von dem ehrwürdigen Schiedsgericht eines großen, souveränen Senats, der für Europa das sein wird, was das Parlament für England, was die Nationalversammlung für Deutschland, was die Gesetzgebende Versammlung für Frankreich ist." Und Victor Hugo sah voraus: diese Nation werde sich im 20. Jahrhundert „Europa nennen, in späteren noch mehr verwandelten Jahrhunderten wird sie Menschheit heißen." (Gruner 1989, 33f.)

Gewiß, damit ist das Arsenal möglicher Vereinigungsmodelle in politischer Hinsicht noch längst nicht erschöpft. Vergessen wir nicht, daß mit der vernichtenden Niederlage der Planwirtschaftsökonomie die Ideen des Sozialismus keineswegs von der Erdoberfläche verschwunden sind. Denkbar ist sie durchaus noch: die Union der freien europäischen Staaten nach dem Muster der Union der Sozialistischen Sowjetrepubliken, wenn man auch die Phantasie zu diesem Zwecke überreichlich strapazieren müßte.

Der Grund dafür, daß ich keines dieser Modelle für sehr realistisch halte, liegt in den weltpolitischen Zusammenhängen, in die diese eingerückt werden müssen. Bevor ich aber darauf eingehe, fasse ich diesen ersten Schritt zusammen:

Das Abendland ist weder im buchstäblichen noch im übertragenen (Spenglerschen) Sinn untergegangen. Vielmehr hat ein Zusammentreffen eines 40jährigen Vereinigungsstrebens und eines weltpolitischen Erdrutsches Europa an die Oberfläche der Weltgeschichte gespült; aus einem ‚zerklüfteten westlichen Vorsprung Asiens', von dessen Größe allenfalls im Plusquamperfekt zu sprechen war, ist ein Erdteil des Futurs geworden. Nun stellt sich die Frage, ob statt der geschichtsmorphologischen Betrachtung à la Spengler eine andere geschichtsmorphologische Betrachtung angestellt werden darf, derzufolge die bevorstehende Einigung der europäischen Staaten derjenigen der Staaten Amerikas entsprechen würde: Aufstieg statt Untergang Europas, U.S.E. als Ablösung der USA oder gar U.d.f.e.S (Union der freien europäischen Staaten) statt UdSSR?

II.

Um der notwendigen Neubestimmung Europas einen Schritt näherzukommen, ist es zunächst vonnöten, einen Schritt zurückzutreten, um das Weltszenario zu sehen, innerhalb dessen das neue Europa seine Rolle zu spielen hätte. Was in diesem Rahmen bereits geschehen ist und weiterhin weltweit geschieht, läßt sich philosophisch in die knappe Formel fassen: *Der Dualismus wird durch einen Pluralismus ersetzt; und dies geschieht auf dem Wege einer radikalen Verabschiedung aller monistischen Systeme.* Genauer: Was die Welt bisher trotz aller Spannungen in relativer Ruhe erhielt, war das Gleichgewicht des Schreckens zwischen zwei Großmächten; und was dahintersteckte und uns dieses System als so selbstverständlich erscheinen ließ, sind zwei Grundmuster, die mit unserem Denken fast unabtrennbar verbunden sind: Dualität und Symmetrie bzw. Gleichgewicht. Beiden Denkmustern ist nur schwer zu entrinnen; sie sind in unserem Denken gleichsam tief verankert: Die zweiwertige Logik, deren binäre informationstechnologische Realisierung, die zweipolige Grundkonstruktion des Tauschprozesses und die damit verbundene Vertragsstruktur im Markt, die Abgrenzung von Ich und Anderem in der Konstitution personaler und kollektiver Identität, die Idee eines gleichsam naturgegebenen Antagonismus zwischen konkurrierenden gesellschaftlichen Systemen und Wirtschaftsordnungen, die Grundlagen der klassischen Thermodynamik – dies alles sind Beispiele für Denkformen, die von Dualität und Symmetrie bzw. Gleichgewicht geprägt sind.

Im Hintergrund des dualen Denkens steht die logische Grundüberzeugung, etwas könne nur ‚A' oder ‚non-A' sein, tertium non datur: der Satz vom ausgeschlossenen Dritten. Gewiß, es mangelt nicht an Versuchen, mehrwertige Logiken zu begründen, aber auch in diesen gilt schließlich Dualität als ‚ultima ratio', bis hin zur technischen Realisierung im binär arbeitenden Computer, dessen Ergebnisse uns eben deswegen auch so plausibel und im strengen Sinne ‚unwidersprechlich' erscheinen. Daß und wie das Denken in Zweiheiten die Geschichte beherrscht, läßt sich an den verschiedenen Facetten des Dualismus, aber auch an den unterschiedlichsten Versuchen, sie durch ein Drittes zu überwinden, ablesen.

Und ähnlich scheint es sich im Falle des hierzu komplementären Teilmusters des Gleichgewichts zu verhalten, das in Gestalt des Kompensationstheorems zumindest seit der Zeit der römischen Kaufleute das ökonomische, aber auch das moraltheologische, das medizinische, das psychologische sowie das geschichts- und gesellschaftsphilosophische Denken prägt. Schließlich werden seit dem letzten Jahrhundert auch die Grundprinzipien der Physik, die thermodynamischen Hauptsätze, als Gleichgewichtssätze formuliert. Dies gilt natürlich vordringlich für den Zweiten Hauptsatz, in dem über das Theorem der unaufhörlichen Entropiezunahme in nach außen geschlossenen und intern offenen Systemen das Einpendeln auf einem Gleichgewichtszustand als Zielwert angenommen wird.

Obwohl wir also, wie gesagt, dem dualen und dem symmetrischen Äquilibriumsdenken verhaftet sind, liegt der Gedanke, der uns in unserer eigentlichen Frage weiterführen kann, zunächst einmal in der Preisgabe genau dieser Charakteristika: Nur dann nämlich, wenn es uns gelingt, in Begriffen einer Thermodynamik „fern vom Gleichgewicht“ zu denken, können wir auch hoffen, den Prozeß des Lebens, der Höherentwicklung, kurz: der Evolution, also der Entstehung des Neuen, zu verstehen. Symmetriebrüche und durch sie gekennzeichnete Phasenübergänge sind es, die Kreativität und Innovation markieren.

Und so mag es hilfreich sein, sich für unser Denken der weltpolitischen Landschaft auch dieses Theorems zu bedienen: *„Fern vom Gleichgewicht“* ereignen sich die radikalen Verschiebungen in der politischen Geographie. Das geht nicht immer friedlich zu und trägt mit Sicherheit zumindest teilweise auch chaotische oder mindestens nichtharmonische Züge, wie wir historisch in den vergangenen zweieinhalb Jahren überdeutlich sehen konnten. Außerdem bewegen sich solche Entwicklungen häufig nicht nur fern vom Gleichgewicht, sondern auch hart am Rande der Katastrophe. Wenn sie aber abgeschlossen sind, können sie ein völlig neues und überraschendes Bild auf der Makroebene zeigen.

Genau dies aber geschah in den uns interessierenden Zusammenhängen, und zwar fast unabhängig vom Willen der politischen Protagonisten, zuweilen sicherlich gegen denselben. Die Sowjetunion, aus ihrem Weltmachttraum jäh aufgeschreckt, konnte diesen Status nicht halten und zerfiel; der Protagonist Gorbatschow wurde von dem Wagen, der ihn zum Sieg trug, abgeworfen und politisch zu Tode geschleift. Für die politische Weltgeographie stellten sich ganz neue Konstellationen her: Neben Nordamerika und dem südostasiatischen Raum avancierte Europa (einschließlich seiner potentiellen Weiterungen Richtung Osteuropa) zum dritten Weltzentrum. Anders: In der politischen Machtverteilung beginnt sich nun langsam die ökonomische Verteilung zu spiegeln. Und es kommt wohl ebenfalls nicht von ungefähr, daß zu eben diesem Zeitpunkt zusammen mit dem ökologischen Thema das Problem der Nord-Süd-Spannung zum Weltthema Nr. 1 wird. Nochmals anders: In dem Moment, in dem die politische Struktur sich nach der ökonomischen richtet, werden bereits deutliche Hinweise darauf erkennbar, daß diese sich ihrerseits in stärkerem Maße an der ökologischen Struktur zu orientieren beginnt. Noch ist nicht abschätzbar, welche konkrete politische Rolle die potentiellen Weltzentren Südamerika und Afrika spielen werden; sicher ist aber, daß mit ihnen zu rechnen sein wird.

Gewiß – so kann man einwenden –, dies alles bleibt nicht ohne Einfluß auf das sich neu formierende und selbstverständigende Europa. Und es trifft gewiß auch zu, daß die hier beschriebenen Verwerfungen in der Tat die europapolitischen Vorstellungen der vergangenen Jahre über Nacht zu Makulatur werden ließen. Der innere Zusammenhang dieses beschriebenen Übergangs vom Welt-Dualismus zum Welt-Pluralismus mit der Frage der neuen europäischen Identität ist indessen noch nicht aufgedeckt. Um dies zu tun, ist es sinnvoll, sich der bestehenden Verbindungen zwischen der bisherigen Welt-Dualismus-Struktur und der Konstitution kollektiver Identität zu erinnern: Das Europa, mit dem wir bis 1989 zu rechnen hatten, war – und dies gilt es in aller Deutlichkeit zu sagen – ein Europa des Westens. Identitäten bilden sich, das lehrt uns Sozial- wie Entwicklungspsychologie, über Ich-Außenwelt-Abgrenzungen sowie durch die Konstitution einer sozialen Kompetenz, die Gruppenzugehörigkeiten aufbaut. Und dies wiederum ist nicht möglich ohne das gegenseitige Aufeinander-Verwiesensein von Auto- und Heterostereotypbildung, zu deutsch: von Freund- und Feindbildern. Solange es das Feindbild des sich selbst als real existierend bezeichnenden Sozialismus gab, solange reichte es, daß sich die Europäer über den Mechanismus der Abgrenzung von diesem definierten. Solange sich zeigen ließ, daß „wir" hier im Westen erfolgreicher und ökonomisch „besser" waren als „jene dort", schien unser Legitimationsbedarf gedeckt. Wohl gab es Indizien für Defizite und Schwächen, aber solange diese als „Legitimationsprobleme im Spätkapitalismus" (Habermas) von seiten der neuen Linken angesprochen wurden, fügten sie sich wieder dem Freund-Feind Schema und mußten daher scheinbar nicht ernstgenommen werden.

Das ist nun allerdings anders geworden: Das Feindbild ist abhanden gekommen, und mit dem Feindbild vermutlich auch die eigene Identität bzw. die eigene Legitimation. Das Europa vor 1989 konnte sich mithin im

Ost-West-Dualismus als antimonistisch, anti-totalitär und anti-planwirtschaftlich definieren. Das Europa nach 1989, das sich nun inmitten eines externen Weltzentrenpluralismus sieht, kann darauf nicht mehr zurückgreifen, sondern muß sich neu bestimmen. Und da drängt sich denn der bereits erwähnte Begriff des Pluralismus, nun aber als Begriff des internen Pluralismus, auf, der sich daher auch beträchtlich von demjenigen vor 1989 unterscheiden muß: Während es sich bei diesem, wie Ernst Topitsch (Topitsch 1983, 9) gezeigt hat, um eine anti-totalitaristische Doktrin handelte, der wir alle, bewußt oder unbewußt, dadurch Folge leisteten, daß wir *keiner* Doktrin Folge leisteten, muß der Pluralismus, um den es jetzt geht, ein bewußter und reflektierter Pluralismus sein. Das wird – und das ist bereits deutlich abzusehen – allerdings auch die unerfreuliche Konsequenz in sich bergen, daß schönfärberische Föderalismusmodelle, die alle Differenzen in dem klebrigen Saft harmonisierender Europarhetorik ertränken, ein- für allemal zu verabschieden sind. Die neue Vision, die Europa als neuentstandenes Weltzentrum sich selbst und den anderen schuldet, enthält jene Ecken und Kanten, die es zu bedenken gilt, sobald es sich nicht mehr um Planspiele und außenpolitische Kosmetik, sondern um den Ernstfall handelt: die Chance, daß das Europa, das wir uns heute ausdenken, morgen Realität sein wird, war – trotz allem – noch nie so groß wie jetzt!

Bevor ich nun zur diesermaßen geforderten radikalheuristischen Skizze eines pluralistischen Europas schreite, fasse ich zusammen:

Was sich in weltpolitischer Hinsicht abzeichnet, ist eine Ersetzung des Systems des Dualismus durch eines des Pluralismus. Statt der zwei Weltmächte USA und UdSSR werden in Zukunft drei Weltzentren (Nordamerika, Europa und Süd-Ostasien) eine dominierende Rolle spielen, gefolgt von den noch nicht genau einschätzbaren Zentren Afrika und Südamerika. Mit der Verabschiedung der dualistischen Weltstruktur gehen wir allerdings auch der durch sie gestifteten Identitätsabgrenzung verlustig. Ein nicht nur extern, sondern auch intern pluralistisches Europa muß sich daher zuallererst selbst bestimmen. Dabei dürfen negativ erscheinende Konsequenzen nicht allein schon deswegen außer acht gelassen werden, weil sie nicht ins harmonisierende Konzept eines Rahmenföderalismus passen, sondern gefordert ist heuristische Radikalität der Konzepte.

III.

‚Pluralismus' – es klingt das Wort wie Donnerhall, allerdings für manche Ohren eher wie Theaterdonner. Und wer auf die Fragen nach einer neuen europäischen Identität mit ‚Pluralismus' antwortet, wird sich gefallen lassen müssen, als ein – wenn auch intellektuell gediegener – Leerformel-Drescher verdächtigt zu werden, sozusagen als Leer-Formel-1-Pilot.

Es wird daher kaum verwundern, daß der Pluralismus, den ich als Grundmuster der europäischen Einigung verstehe, ein inhaltlich gefüllter kraftvoller Pluralismus zweiter Stufe ist. Anders: Statt Pluralismus dadurch erreichen zu wollen, daß man alles Beliebige will (so wurde etwa Paul Feyerabends Kampfformel „Anything goes!" mißverstanden), wird es jetzt darum gehen müssen, den Pluralismus um seiner selbst willen zu wollen, damit man Unterschiedliches anderes wollen kann. Die bloß faktische Pluralität, die im vor-89er-Pluralismus ein Wert werden konnte, wird nun ersetzt durch den Basiswert des Pluralismus selbst, der inhaltlich weiterzubestimmen ist. Oder nochmals anders und diesmal theoriehistorisch gewendet: Jene Bewegung, die sich selbst irritierender- und irritierterweise (Zöller 1988, 7) ‚Postmoderne' nannte (und zum Teil noch nennt), hatte diagnostisch recht, wenn sie das ‚Ende von etwas' aufdecken zu können meinte. Therapeutisch hatte sie aber entweder nichts zu bieten, oder sie ging, wo sie doch mindestens therapienahe Differenzierungen vornahm (vgl. Welsch 1987, 1988), über ihre eigene Postmoderne-Diagnostik und deren Instrumentarium weit hinaus und befaßte sich – nolens volens – bereits mit etwas ganz anderem: mit dem nach-89er-Pluralismus unter Bedingungen unserer technologischen Zivilisation. So besehen war die ganze Debatte um die Postmoderne eine Debatte vom ‚Johannes-der-Täufer'-Typ: Sie kündete von etwas, das ihr selbst zu begreifen noch verwehrt war; nicht so sehr vom Ende der Moderne – das wäre zum einen akademisch und zum anderen auch nicht sehr originell gewesen –, sondern vom Ende idealmonistischer Systeme.

Und das bedeutet: Was ‚Postmoderne' genannt wurde, war die kulturphilosophisch einseitige Fehlinterpretation jenes Pluralismus, den wir gegenwärtig philosophisch zu erfassen im Begriffe sind und dessen realmonistisches Gegenstück die europäische technologische Zivilisation mit all ihren Verwerfungen und Problemen ist. Mit anderen Worten: Postmodernes Theoretisieren pflegte sich mit der Vielheit so zu befassen, als ob sie selbst ein Wert wäre, den es zu erhalten, zu mehren, ja: vielleicht erst zu erringen gälte. Der reflektierte Pluralismus zweiter Stufe dagegen sieht nicht die bloß kontingente Vielheit, sondern den Pluralismus erster Stufe als Wert an. Seine Metanorm heißt nicht ‚Alles soll der Maxime genügen, daß Pluralität existieren möge!', sondern ‚Alles soll der Maxime genügen, daß Pluralismus, also ein System und eine Grundhaltung, existieren möge, die ihrerseits zwar Vielheit ermöglicht, aber nicht in Vielheit aufgeht!'

Oder nochmal anders und nun auf die Frage der europäischen Einigung bezogen: Der kraftvolle europäische Pluralismus nach dem Untergang des Abendlandes wird der Minimalkonsens sein, der *Dissens* ermöglicht. Statt des harmlosen ‚netten' Pluralismus, von dem wir immer ausgingen, wenn wir im Dienste Europas viel Gutes sagten, wird der interne Pluralismus, der das zukünftige Europa als eines der Weltzentren der nördlichen Hemisphäre auszeichnet, durch den Pluralismus der internen Spannungen gekennzeichnet sein, der selbst scharfe Antagonismen aushalten muß. Ich vermute, daß alle diejenigen, die – aus mehr oder minder durchsichtigen Motiven – die gegenwärtigen Rupturen und Verwerfungen innerhalb Europas, zumal im Bereich des ehemaligen sozialistischen Systems, als bloße Übergangserscheinungen bezeichnen, nicht wissen, wovon sie sprechen. Der interne Pluralismus, den Europa zu erwarten hat, wird nicht etwa die Überwindung, sondern die höherstufige Wiederkehr mindestens dreier charakteristischer Phänomene mit sich bringen: des Regionalismus, des Nationalismus und des Fundamentalismus.

In Sachen Regionalismus liegt bereits eine breite Literatur vor (vgl. Gerdes 1980), und die philosophische These Hermann Lübbes, die europäischen Regionalismen der Gegenwart seien „Bewegungen, in denen sich der Anspruch politisch zur Geltung bringt, nach Sprache und Volkszugehörigkeit, nach Landschaft und Lebenskultur, nach Herkunftsprägung und kollektivem Gedächtnis auf rechtfertigungsunbedürftige Weise ein besonderer, ein anderer sein zu können" (Lübbe 1985, 196), gewinnt unter den Bedingungen der skizzierten neuen Rolle Europas auch eine zusätzliche Bedeutung.

Diese wird deutlich, wenn man sich vergegenwärtigt, daß sich die von Lübbe unterschiedenen Regionalismustypen letztlich hinsichtlich ethnischer, sprachlicher und historischer Zusammengehörigkeit ausdifferenzierten und immer definiert waren durch das Verhältnis zum Staatsganzen. Dabei reicht das Spektrum von Protestformen gegen den zentralistischen Förderalismus bis hin zu aktuellem politischem Separatismus. (Eher mit Amüsement erfüllt einen Wahl-Oberfranken wie mich die Tatsache, daß es eine „Zeitschrift für Nationale Identität" gibt, die „nach 168jähriger politischer und kultureller Unterdrükkung Frankens durch Bayern und Baden-Württemberg" für ein freies Franken gegen den unterdrückenden bayerischen und baden-württembergischen Zentralismus aufruft!)

Betrachten wir nun Europa, wie es sich gegenwärtig darstellt, so sehen wir auf einen Blick, daß dort, wo aufgrund des Wegfalls der Blockzugehörigkeiten eine Wendung nach Europa ernst genommen werden muß, der Separatismus bis zum Extrem des Bürgerkrieges und der nationalen Neuordnungen reicht (ehemaliges Jugoslawien und die Tschechoslowakei), während in den seit den Römischen Verträgen europawärts tendierenden westlichen Ländern neue nationalistische Töne zu hören sind. Im vereinigten Deutschland ist dies kein Wunder, herrschen hier doch zum ersten Mal seit 1945 Bedingungen, die nationalismusfähig sein können. Aber auch hier zeigt sich, daß die gesamteuropäische funktionale Ersetzung des Nationalismus durch den Regionalismus (wenn auch mit separatistischen Tendenzen) greift: Die Darstellung der sozialen Identität, die – so der Phänomenologe Wilhelm Schapp und der ihm hierin folgende Hermann Lübbe – durch die Erzählung der eigenen Geschichte geschieht, richtet sich hier nach dem Kriterium der früheren Zugehörigkeit zur alten Bundesrepublik und zur alten DDR; die Deutschen sind zwar Deutsche, aber sie sind vorrangig Wessis oder Ossis, bevor sie noch Bayern oder Preußen, Sachsen oder Westfalen sind. Der starke Pluralismus, verstanden als der Pluralismus der Dissensermöglichung, ist somit – so meine These – durch ein scheinbar paradoxes Verhältnis definiert: Wenn die Vereinigung des pluralistischen Europas gelingt, dann wird sie sich in Form von erstarkten Regionalismen und Nationalismen äußern, die zwar antagonistisch, aber letztlich im geregelten Dissens koexistieren werden.

Entsprechendes – und das klingt fast noch schlimmer – gilt auch in bezug auf die durch die Aufklärung für überwunden gehaltenen Bewegungen des Fundamentalismus. Das wahrhaft pluralistische System Europas wird in Zukunft vermutlich noch mancherlei zusätzliche Spannungen aushalten müssen: Der Begegnung mit dem sich durch die geöffneten Grenzen immer stärker nach Nordeuropa hineinbewegenden fundamentalistischen Islam wird das Christentum seinerseits nur mit einer Reihe von neuen Fundamentalismen, innerhalb oder außerhalb der Amtskirchen, begegnen können; der bereits in den letzten Jahren sichtbar gewordene Jesus-Fundamentalismus bis hin zur Pfingstgemeinde ist erst ein Vorbote dessen, was uns erwartet. Aber die Ausdifferenzierung antagonistischer Gruppierungen wird bei den Kirchen nicht haltmachen. Die politischen und gesellschaftlichen Gruppierungen, inner- wie vor allen Dingen außerparlamentarisch organisiert, werden Europa, grenzüberschreitend und ihrerseits durchaus im Konflikt mit den nationalistischen und regionalistischen Tendenzen, überziehen: Die europäische Internationale der Raucher und Nichtraucher, der Feministinnen und Anti-Feministinnen, der Kernkraftwerkbefürworter und -gegner, der Anti-Freisetzungsbewegung in bezug auf gentechnisch veränderte Nutzpflanzen und die entsprechende industrielle Lobby werden sich bekämpfen. Kurz: Wie stark der europäische Pluralismus der Zukunft ist, wird sich daran messen lassen, welche fundamentalistischen Spannungen er auszuhalten und gewaltfrei zu regeln in der Lage ist. Das aber bedeutet, daß die noch vorhandenen gesellschaftlichen Integrationsmechanismen vor ganz entscheidenden Zerreißproben stehen.

Bevor ich aber auf diese eingehe, fasse ich zusammen:

Eine pluralistisch gedachte europäische Einigung wird, sofern man ‚Pluralismus' nicht als die Beliebigkeit eines ‚Anything goes' mißversteht, neue Regionalismen, neue Nationalismen und neue Fundamentalismen mit sich bringen. Anders: Der jetzt bereits de facto akzeptierte Regionalismus wird sich in Zukunft auf die nationale Ebene verschieben, und ähnliches gilt von religiösen, politischen und gesellschaftlichen Fundamentalismen.

IV.

Da ist nun guter Rat teuer. Die *Einheit* Europas, von der als einer politisch herzustellenden wir wie selbstverständlich ausgegangen sind und ausgehen, scheint, wenn die These vom radikalen Pluralismus zutrifft, in Tat und Wahrheit auf eine antagonistische *Vielheit* hinauszulaufen. Und wo soll dann noch die Einheit herkommen?

Vermutlich aber liegt das Problem ebenso wie seine Lösung genau hierin: Sich die Einheit Europas als realisierbar zu denken, fiel bisher so schwer, weil sie gleichsam am falschen Ort gesucht wurde. Dabei hätte, durch die erwähnte These belehrt, Identität präsentiere sich in Geschichten, ein Blick in die jüngere Einigungsgeschichte Europas zeigen können, daß nicht an der politischen, sondern an der wirtschaftlichen Front die entscheidenden Schlachten geschlagen wurden und wohl auch in Zukunft geschlagen werden.

Denken wir nochmals an die ebenfalls bereits erwähnte Theorie selbstorganisierender Systeme: Lebende (autopoietische) Systeme unterscheiden sich von nichtlebenden (allopoietischen) Systemen dadurch, daß sie sich ständig, nach ihrem eigenen Bauplan, reorganisieren und rekonstruieren. Lebende Systeme sind somit Systeme ohne Input- oder Output-Oberflächen auf ihrer eigenen Systemebene, obwohl sie nicht weiterexistieren könnten, wenn sie nicht In- und Output auf einer niedrigeren Systemebene, im Falle organischer Systeme also auf der Ebene des organischen Stoffwechsels, hätten.

Die gilt – mutatis mutandis – auch für gesellschaftliche Systeme. Jedes soziale System nämlich würde sofort aufhören zu existieren, wenn auf der Stufe seiner Mitglieder als seiner biologischen Elemente der Stoffwechsel aufhören oder wenn, eine Systemstufe höher, der Informationsaustausch zwischen System und Umwelt unterbrochen würde. Wenn wir soziale Systeme als höherstufige lebende Systeme betrachten, können wir die Homologie hier sogar noch einen Schritt weiterführen: Sobald es die interne autopoietische Struktur unterlassen sollte, niedrigstufigere Inputs in genuine Elemente des höherstufigen Systems umzuformen, hörte dieses ebenfalls auf zu existieren.

Wenn wir dies nun auf die Wirtschaft als den Hauptmechanismus interner gesellschaftlicher Strukturierung anwenden, der die Aufgabe hat, den Energie-Input in gesellschaftsinterne Strukturen und Lebensqualität umzuwandeln, dann wird klar, daß sowohl der materielle und ideelle In- bzw. Output auf der unteren Systemebene als auch eine flexible Struktur der internen Transformation dieser Inputs in die systemeigene Organisation auf der oberen Systemebene funktionieren muß, damit das System als Ganzes überleben kann. Erinnern wir uns: In den planwirtschaftlichen Systemen des damals sogenannten real existierenden Sozialismus waren beide Funktionen eingeschränkt, wenn nicht vollständig außer Kraft gesetzt: Weder funktionierte der materielle bzw. ideelle In- oder Output, noch existierte irgendeine Struktur der inneren Transformation von Energie in Lebensqualität. Während im sogenannten kapitalistischen Wirtschaftssystem der Markt diese Funktion ausübte, war die Planwirtschaft nicht in der Lage, sich rechtzeitig neuen Situationen anzupassen, die durch schnelle Änderungen zustande kamen.

Wenn wir uns nun aber genauer fragen, wodurch der beschriebene Erdrutsch des politischen Systems erfolgte, so ist deutlich, daß dieser sowohl vorbereitet als auch ausgelöst und durchgesetzt wurde durch Bewegungen im Initialsystem der Wirtschaft, das jedoch seinerseits in Bewegung versetzt wurde durch dasjenige der Technologie. Es kann historisch gesehen wohl kein Zweifel mehr daran sein, daß es die Information einschließlich der Informationstechnologie war, was die Mauer hat fallen lassen!

Und gehen wir noch einen Schritt weiter: Die führenden Köpfe, die Napoleons, die Cäsaren, die Bismarcks und die Metternichs unserer Tage sind kaum noch in der Politik zu finden, sondern in Wirtschaft, Wissenschaft und Technologie. Darüber muß sich im klaren sein, wer über die Zukunft Europas und seiner Einigung nachdenkt. Gesellschaftliche Dynamik, die durch Ungleichgewicht in der Entwicklungsgeschwindigkeit gesellschaftlicher Teilsysteme ausgelöst wird, geschieht in einer technologischen Zivilisation wie der unsrigen nicht in erster Linie aufgrund der internen Dynamik des Teilsystems Politik, sondern aufgrund derjenigen des Teilsystems Wirtschaft, in dem der Technologie zunehmend die Führungsrolle zufällt.

Noch ein weiteres Wort des Abgesangs auf die Politik: Politik ist heute ein Geschäft, das sich, was die Machtausübung betrifft, auf die publicity-gestützte Erringung und Erhaltung derselben beschränkt. Im übrigen ist sie – und ich beklage dies nicht, sondern konstatiere es in vollem geschichtlichen Einklang mit der Entwicklung von Theorie und Praxis der Demokratisierung – zur klein-, mittel- und großräumigen Verwaltung geworden. Die Klage darüber, daß unsere Politik heute an mangelndem Charisma der Politiker leide, erweist sich daher als unerheblich, weil falsch adressiert: Zwar mag es erfreulich und zuweilen sogar wünschenswert sein, charismatische Verwaltungsbürokraten zu haben, erforderlich ist es aber nicht. Was dagegen erforderlich wäre, wäre Verwaltungskompetenz.

Wenn der Politik insgesamt, wie ich vermute, letztlich kaum noch Richtlinien-, sondern vordringlich Organisations- und Verwaltungsaufgaben zukommen, wenn sie also auf ihr reales Maß als eine Art gesamtgesellschaftlicher Verkehrspolizei reduziert wird, dann müssen wir von ihr keine Zielorientierungen und weltbewegenden Entwürfe verlangen. Aber wir dürfen von ihr fordern, daß sie bzw. ihre Repräsentanten ihren Job anständig ausführen.

So betrachtet bleibt für die Politik in einem zukünftig anzustrebenden Europa eines starken Pluralismus einzig die Aufgabe, die wirtschaftliche Position dieses neuen Weltzentrums zu festigen. Diese aber ist, wie sich zeigt, auf Gedeih und Verderb verbunden mit der Entwicklung von Wissenschaft und Technologie. Europapolitik in diesem Sinne ist Wirtschaftspolitik als Technologiepolitik. Nicht so, als ob neue Ministerien zu gründen wären, deren Aufgabe die Betreuung von Forschung und Technologie wäre, sondern *alle europäische Politik muß Wirtschafts- und Technologiepolitik sein.* Von der technologischen Entwicklung, auf die noch näher einzugehen ist, wird es also abhängen, ob und wie mit Europa in Zukunft zu rechnen sein wird. Bevor ich indessen abschließend dazu komme, fasse ich zusammen:

Das Integrationspotential des so weitergedachten kraftvollen Pluralismus eines Europas der neuen Nationalismen, Regionalismen und Fundamentalismen liegt fraglos zur Hauptsache bei der Wirtschaft. Von ihrer Entwicklung wird es abhängen, ob das Europa der zu Ende gedachten Nationen sich in regional begrenzten Kriegen aufreibt oder in innovativer Konkurrenz weiterentwickelt. Die Rolle des Motors dieser Entwicklung übernimmt dabei der sich immer stärker in den Vordergrund drängende gesellschaftliche Sektor der Technologie. Von ihm wiederum hängt ab, ob die Wirtschaft eine Chance hat, die ihr zugewiesene Funktion zu erfüllen.

V.

Die Zeiten der Geschichtsmetaphysik sind vorbei; nichtsdestoweniger werden uns aber unsere Vorstellungen darüber, wer wir als Europäer sind, woher wir kommen und wohin wir gehen, durch die Geschichte vermittelt. Gewiß, keine Extrapolation welcher Art auch immer führt uns zu einem gesicherten Zukunftsbild. Aber über den Mechanismus der Verfertigung eben jener Zukunft, die wir dereinst als unsere Gegenwart haben möchten, und der Vermeidung jener Zukunft, in der wir dereinst zu leben uns fürchten, bildet sich trotzdem so etwas wie eine Vorstellung von den Aufgaben, die Europa im Konzert der Weltzentren wahrzunehmen hat. Was man früher wohl eine Schicksalsfrage genannt hätte, hat sich durch die Einsicht, daß das, was wir als ‚Geschick' fremden, ungünstigen Mächten zuschreiben, sich in der Regel nur zwischen der Scylla der eigenen Ungeschicklichkeit und der Charybdis eigener Schuld bewegt, in solches verwandelt, das wir zu verantworten haben. Wenn man Ausdrucksweisen dieser Art liebt, könnte man hier durchaus von der ‚Vision des zukünftigen Europas' sprechen.

Erinnern wir uns nochmals an Oswald Spengler. Woran geht Spenglers Abendland zugrunde? An der Technik, und zwar an der faustischen, meint der hierin nur halbblinde Seher. Hören wir sein Raunen im O-Ton: „Niemals hat sich ein Mikrokosmos dem Makrokosmos überlegener gefühlt. Hier gibt es kleine Lebewesen, die durch ihre geistige Kraft das Unlebendige von sich abhängig gemacht haben. Nichts scheint diesem Triumph zu gleichen, der nur *einer* Kultur geglückt ist und vielleicht nur für eine kleine Zahl von Jahrhunderten. Aber gerade damit ist der faustische Mensch zum *Sklaven seiner Schöpfung* geworden. Seine Zahl und die Anlage seiner Lebenshaltung werden durch die Maschine auf eine Bahn gedrängt, auf der es keinen Stillstand und keinen Schritt rückwärts gibt. Der Bauer, der Handwerker, selbst der Kaufmann erscheinen plötzlich unwesentlich gegenüber den drei Gestalten, *welche sich die Maschine auf dem Weg ihrer Entwicklung herangezüchtet hat: dem Unternehmer, dem Ingenieur, dem Fabrikarbeiter.* Aus einem ganz kleinen

Zweige des Handwerks, der verarbeitenden Wirtschaft, ist *in dieser einen Kultur und keiner andern* der mächtige Baum aufgewachsen, welcher über alle sonstigen Berufe seinen Schatten wirft: *die Wirtschaftswelt der Maschinenindustrie.*" (Spengler 1922 II, 630f.) Und in dieser unheiligen Trias ist unser Ende begründet, auf das Spengler – merkwürdig eilig – noch eben mit der These der Überwindung des Geldes durch das Blut zu sprechen kommt (was auch immer das bedeuten soll!): „So schließt das Schauspiel einer hohen Kultur, diese ganze wundervolle Welt von Gottheiten, Künsten, Gedanken, Schlachten, Städten wieder mit den Urtatsachen des ewigen Blutes, das mit den ewig kreisenden kosmischen Fluten ein und dasselbe ist. Das helle gestaltenreiche Wachsein taucht wieder in den schweigenden Dienst des Daseins hinab, wie es die chinesische und römische Kaiserzeit lehren; die Zeit siegt über den Raum, und die Zeit ist es, deren unerbittlicher Gang den flüchtigen Zufall Kultur auf diesem Planeten in den Zufall Mensch einbettet, eine Form, in welcher der Zufall Leben eine Zeitlang dahinströmt, während in der Lichtwelt unserer Augen sich dahinter die strömenden Horizonte der Erdgeschichte und Sternengeschichte auftun. [. . .] Wir haben nicht die Freiheit, dies oder jenes zu erreichen, aber die, das Notwendige zu tun oder nichts. Und eine Aufgabe, welche die Notwendigkeit der Geschichte gestellt hat, *wird* gelöst, mit dem Einzelnen oder gegen ihn." (ebd. 635)

Nicht die funktionale Unheilsprophetie etwa eines Hans Jonas ist es, die uns hier anspricht; heroischer Fatalismus vielmehr ist gemeint, mit dem wir unseren Untergang durch die Technik mitanzusehen haben. Amerika und Japan nennt Spengler als diejenigen, die unsere Kultur ablösen werden – ebenso seltsam hellsichtig, wie er in anderer Hinsicht völlig dunkel und mit Blindheit geschlagen erscheint. – Wir aber müssen uns behelfen. Die Technik ist zwar unser Schicksal, aber nicht unser Ende. Wenn denn das Abendland, von dem die Zivilisationskritik spricht, an der Technik zugrunde gegangen ist, dann hat das neu erstandene Abendland nach seinem Untergang die Aufgabe, mit diesem Untergang der technischen Zivilisation umgehen zu lernen. Die bescheidene

Vorreiterrolle dessen, der das Rennen verloren hat – dies könnte die Rolle Europas im Gesamtkonzert der Weltzentren sein.

Eine Technologie zu entwickeln, die für die sogenannte Dritte Welt uneingeschränkt anschlußfähig ist, ist ohnehin die Aufgabe der nördlichen Hemisphäre. Einfache Hochrechnungen können uns leicht davon überzeugen, was geschehen würde, wenn die Südhemisphäre die technischen, energetischen und ökologischen Angewohnheiten der Nordhemisphäre übernähme: Der Kollaps wäre nicht mehr eine Frage von Jahrhunderten, sondern von Jahrzehnten. Es kann – und dies ist die eine Lehre, die man wohl schon jetzt aus Rio ziehen kann – nicht die Aufgabe der entwickelten Industrienationen sein, den unterentwickelten Ländern und den Schwellenländern den Zeigefinger vorzuhalten und sie über das zu belehren, was ihre Pflicht ist. Und nicht falsch verstandener Idealismus, der die Gesetze des Marktes zu ignorieren versucht, kann das Rezept für den Weg sein, auf dem dieses Ziel zu erreichen ist. ‚*Konvergenz von Ökologie, Ökonomie und Ethik in den neuen Technologien*' heißt die Integrationsformel der Vision, unter der sich die im radikalen Pluralismus antagonistisch entzweienden Partner im neuen Europa einigen könnten.

Fraglos können diese Rolle – auch das hat Rio wieder schlagend bestätigt – nicht die Vereinigten Staaten übernehmen. Eine Föderation von vorgestern mit einem Weltenergieverhalten von gestern und einer gegen Null tendierenden ökologischen Beweglichkeit wird weitere Jahrzehnte brauchen, bis allein das Bewußtsein des ökologischen Verlierers entstanden ist. Die Siegermentalität jedenfalls befähigt nicht zu anschlußfähiger Vorbildrolle. Der südostasiatische Raum, in seiner wirtschaftlichen Struktur und seinen Erfolgen unbestrittene Weltspitze, leidet an derselben Krankheit. Einzig der neu zu Weltzentrumsbedeutung gelangte Verlierer, das alte, kranke Europa, könnte diese Chance haben, französischen ewiggestrigen Technozentralismus hin oder her. Dazu bedarf es allerdings der Schaffung einer technologischen Kultur, die über Technologie, Wirtschaft und Politik die Mechanismen des neuen Pluralismus berücksichtigt. Sie mit vorzubereiten ist unsere Aufgabe, die der übriggebliebenen pluralistischen europäischen Intellektuellen.

Ich fasse zusammen:

Das Abendland als Ausgangspunkt der technologischen Weltzivilisation sieht sich nun vor die ‚Schicksalsfrage' gestellt, ob und wie es ihm gelingt, in Sachen umwelt-, sozial- und zukunftsverträglicher Technologie jene Vorreiterrolle zu übernehmen, die es zu Beginn dieses Prozesses einnahm. Nordamerika und Süd-Ostasien kommen – aus je unterschiedlichen, aber zwingenden Gründen – für diese Funktion nicht in Frage. Sie muß aber von einem der drei Weltzentren der Nordhemisphäre übernommen werden, um der Südhemisphäre ein nachhaltig nachahmungsfähiges Technologisierungsmuster vorzugeben. Dies kann allein einer technologischen Kultur gelingen, die über Technologie, Wirtschaft und Politik hinaus Verknüpfungsstrukturen des neuen Pluralismus reflektiert. Gelingt dieser große Wurf einer neuen europäischen Kultur nicht, werden wir uns aus übergeordneten Gründen im Untergang des Abendlandes auf Dauer einzurichten haben.

Und dies wäre schon deswegen unerträglich, weil wir dann auf Gedeih und Verderb mit Oswald Spengler als Klassiker rechnen müßten...

Literatur

Baeumler, A. 1965, „Kulturmorphologie und Philosophie", in: Koktanek, a. a. O., 99–124.

Benn, G. 1968, Der Ptolemäer – Berliner Novelle, 1947, in: ders., Gesammelte Werke in acht Bänden, hrsg. von Wellershoff, D., Bd. 5, Wiesbaden.

Bosch, M. / Schulten, G. (Hrsg.) 1988, Identität und Solidarität. Aspekte europäischer Bildungsarbeit, Saarbrücken.

Ferraris, Graf L.V. 1989, „Plädoyer für Europa. Europa – mehr als ein gemeinsamer Markt!", in: Schomaker / Gossel / Lehnigk, a. a. O., 309–327.

Gerdes, D. (Hrsg.) 1980, Aufstand der Provinz. Regionalismus in Westeuropa, Frankfurt a.M. / New York.

Gillessen, G. 1976, Sieben Argumente für Europa. Plädoyer für einen europäischen Bundesstaat, Bonn.

Gruner, W. D. 1989, „Probleme und Aspekte der europäischen Einigung bis zu den Römischen Verträgen“, in: Schomaker / Gossel / Lehnigk, a. a. O., 11–62.
Koktanek, A. M. (Hrsg.) 1965, Spengler-Studien, München.
Krockow, Ch. Graf von, 1985, „Die moderne Zivilisation und die Skepsis“, in: Weidenfeld 1985, a. a. O., 206–218.
Loth, W. 1990, Der Weg nach Europa, Göttingen.
Lübbe, H. 1985, „Die große und die kleine Welt. Regionalismus als europäische Bewegung“, in: Weidenfeld 1985, a. a. O., 191–205.
Peterlik, M. / Waldhäusl, W. 1991, Geist und Wissenschaft im politischen Aufbruch Mitteleuropas, Wien / Köln / Graz.
Schomaker, A. / Gossel, D. / Lehnigk, J. (Hrsg.) 1989, Plädoyer für Europa. Beiträge zur Europäischen Einigung, Hamburg.
Schulten, G. 1988, „Ursprung der Geschichte des Europagedankens“, in: Bosch/Schulten, a. a. O., 35–66.
Spengler, O. 1918, Der Untergang des Abendlandes. Erster Band: Gestalt und Wirklichkeit, München.
ders. 1922, Der Untergang des Abendlandes. Zweiter Band: Welthistorische Perspektiven, München.
Topitsch, E. 1983, „Pluralismus und Toleranz“, in: ders. u. a., Pluralismus. Legitimationsprobleme im Interessenwandel, Veröffentlichungen der Walter-Raymond-Stiftung, Bd. 21, Köln 9–28.
Weidenfeld, W. (Hrsg.) 1985, Die Identität Europas. Fragen – Positionen – Perspektiven, München.
ders. / Janning, J. 1990, Der Umbruch Europas: die Zukunft des Kontinents, Gütersloh.
Welsch, W. 1987, Unsere postmoderne Moderne, Weinheim.
ders. (Hrsg.) 1988, Wege aus der Moderne. Schlüsseltexte der Postmoderne-Diskussion, Weinheim.
Zimmerli, W. Ch. (Hrsg.) 1988, Technologisches Zeitalter oder Postmoderne, München.
ders. 1991, „Wissenschaft und Technik – das Ende der Machbarkeit“, in: Peterlik M. / Waldhäusl W., a. a. O:, 198–205.
Zöller, M., 1988, Das Prokrustes-System. Der organisierte Pluralismus als Gewißheitsillusion, Opladen.

Ernst-Wolfgang Böckenförde

Nationen und Nationalstaaten

Die Ordnung Europas am Scheideweg

Wir alle sind Zeitgenossen der großen Veränderungen, die sich in Europa seit 1988/89 ereignet haben. Diese Veränderungen liegen im wesentlichen in zweierlei: Einmal in der Befreiung Mittel- und Ostmitteleuropas von kommunistischer Unterdrückung und von imperialer sowjetischer Herrschaft. Das war ein Zerfalls- und ein Befreiungsvorgang in einem. Er war aber nicht darauf beschränkt, daß hier viele Länder von kommunistischer Unterdrückung frei geworden sind. Zum anderen und zugleich hat sich gezeigt, daß die für Ostmittel- und Südosteuropa aufgerichtete politische Ordnung von Versailles und St. Germain endgültig zerfallen ist. Sie hat sich als nicht tragfähig erwiesen.

Warum? Nach dem Ende des Ersten Weltkrieges sind aus der Erbmasse des Habsburgerreiches künstliche Nationalstaaten geschaffen worden, die gerade als Nationalstaaten zu heterogen waren. Sie hatten als solche keine Grundlage, weder in einer einheitlichen politischen noch einer einheitlichen ethnisch-kulturellen Nation. Vielmehr wurde eine Vielzahl von Völkern ohne politische Selbstbestimmung staatlich-organisatorisch zusammengefaßt, so als ob dann der neu geschaffene Staat sich seine Nation schaffen sollte. Die Probleme traten auch schon bald hervor, waren allerdings in der Zwischenkriegszeit ebenso wie während der dann einsetzenden kommunistischen Herrrschaft überdeckt. Jetzt sind sie offen zutage getreten.

Diese Situation bedeutet, daß für Europa nunmehr eine neue Ordnung unerläßlich ist. Wie kann und soll sie aussehen? Diese Frage stellt sich nicht allein für Ostmittel- und Südosteuropa, sie stellt sich auch für Europa insgesamt, denn das, was sich in Ostmittel- und Südosteuropa ereignet hat, betrifft auch Europa insgesamt und als Ganzes.

1. Eine verbreitete Auffassung, die auch die gegenwärtige Politik in Westeuropa zu bestimmen scheint, geht dahin, daß für eine solche Ordnung vordringlich die wirtschaftliche Vereinheitlichung, die Einführung der Marktwirtschaft in den ostmitteleuropäischen Staaten sei; das treibende Prinzip dafür könne und müsse die Erweiterung und der Ausbau der Europäischen Gemeinschaften sein. Dies würde dann auch das politische Zusammenwachsen mit sich bringen und nach sich ziehen, und die Überwindung des Nationalismus fiele dabei als Nebenprodukt mit ab.

Ich halte das nicht für einen tragfähigen Weg. Wirtschaftliche Annäherung, freier Austausch von Gütern und Waren in Europa sind sehr erwünscht und auch notwendig. Dies ist aber zunächst ein allmählicher Prozeß, der seine Zeit braucht, gerade wegen der prinzipiellen strukturellen Unterschiede im ökonomischen wie im soziokulturellen Bereich zwischen den Staaten Ostmittel- und Südosteuropas und denen in West- und Mitteleuropa.

Außerdem muß diese Annäherung, die Herstellung eines gemeinsamen und offenen Marktes, sich auf der Grundlage und im Rahmen einer politischen Einigung und einer gemeinsamen politischen Ordnung herstellen. Sie darf nicht an deren Stelle treten oder Ersatz dafür sein. Würde das eintreten, dann entstünde ein Europa, in dem die Menschen und Völker in Europa auf Marktsubjekte und Marktbürger reduziert würden und alles Nichtökonomische und Metaökonomische aus der Vereinigung und dem Zusammenwachsen Europas herausgefällt würde. Wenn das Zusammenwachsen und die Einigung Europas sich allein auf der EG-Schiene vollzieht, dann geht daraus vielleicht ein unitarischer Wirtschaftsraum hervor, aber alles andere wird abgedrängt in Substrukturen, es bildet sich kein Europa der Völker und Nationen. Ich kann mir nicht denken, daß die Völker in Europa das wollen und daß sie das hinnehmen würden. Ich kenne nicht die Motive der Dänen, aber ich glaube, die Dänen haben einen richtigen politischen Instinkt bei ihrer negativen Entscheidung in der Volksabstimmung über die Maastrichter Verträge Anfang Juni 1992 gehabt.

2. Wie soll dann aber die neue Ordnung Europas aussehen? Kann sie, wenn sie sich nicht auf der Linie der EG vollziehen kann, eine andere sein als eine solche der Nationalstaaten? Ist nicht dieses nationalstaatliche Prinzip Europas Schicksal, seit seine Völker zu politischem Selbstbewußtsein gelangt sind und soweit sie jetzt dazu gelangen?

Dies möchte ich verneinen. Es bedeutete keine Lösung, sondern einen Rückfall in das 19. Jahrhundert; die leidvollen Auseinandersetzungen und Kämpfe, die das 19. Jahrhundert hindurch und während des 20. Jahrhunderts in Europa ausgetragen worden sind, würden sich wiederholen. Europa steht hier am Scheideweg. Natürlich kann die neue Ordnung Europas nicht gegen die Völker und Nationen errichtet werden. Sie kann und soll nicht ohne die Bewahrung der national-kulturellen Identität und Autonomie sich aufbauen. Aber sie soll und muß sich aufbauen unter Absage an das Prinzip der geschlossenen Nationalstaaten.

Darüber wird, so scheint mir, nicht genug nachgedacht, und zwar deshalb, weil vor allem auch die Westeuropäer noch im Denken in geschlossenen Nationalstaaten befangen sind. Deshalb haben sie Angst vor Schritten nach vorn. Frankreich hat sein Korsika und die Bretagne, Spanien hat die Katalanen und andere nach Autonomie strebende Völkerschaften, Belgien hat die Flamen und Wallonen.

3. Das nationalstaatliche Prinzip hat Europa geformt, aber auch destabilisiert. Um dies deutlich zu machen, ist ein Rückgang auf den Ursprung und die Wirkungsgeschichte des nationalstaatlichen Denkens notwendig. Gerade daraus läßt sich die Notwendigkeit, aber auch die Möglichkeit eines neuen Weges erkennen.

Seit dem 19. Jahrhundert sind in Europa *zwei unterschiedliche Nationenbegriffe* wirksam und geschichtsmächtig, die je zu nationalstaatlicher Ausschließlichkeit geführt haben. Es sind dies der ethnisch-kulturelle Nationbegriff der staatlosen Völker und der politische Nationbegriff der am bereits vorhandenen Staat sich bildenden und zu politischem Selbstbewußtsein gelangenden Völker. Ursprung, Entwicklung und politische Folgen dieser Nationenbegriffe hat Franz Schnabel, der große Historiker, eingehend beschrieben (in seinen Vorlesungen und dem immer noch unveröffentlichten 5. Band seiner „Deutschen Geschichte im 19. Jahrhundert"). Es ist sehr wichtig zu betonen, daß wir nicht einen einzigen einheitlichen Nationbegriff in Europa haben. Beide Nationenbegriffe haben nicht nur aufbauende und konstruktive, sondern ebenso und stärker destabilisierende Wirkungen gehabt, für die Vielfalt Europas und seine sich darauf gründende Ordnung ebenso wie für die Freiheit der Menschen und Völker in Europa.

a) Wo sich das erwachende politische Selbstbewußtsein nicht am bereits vorhandenen Staat bilden konnte – bei den staatlosen Völkern –, orientierte es sich an vorstaatlichen, natürlichen Kriterien. Es griff zurück auf Sprache, Abstammung, Geschichte, Kultur. Die Sprach-, Abstammungs- und Kulturgemeinschaft machte danach ein Volk aus, aber nicht nur ein Volk, sondern – im Zusammenhang mit dem erwachenden politischen Selbstbewußtsein – auch die Nation. Der Nationbegriff ist hier ein *ethnisch-kultureller*. Man wird in die Nation hineingeboren, sie ist primär Schicksals-, nicht Willensgemeinschaft; die Zugehörigkeit zu ihr haftet dem Einzelnen sozusagen seinsmäßig an. Dieser Nationbegriff hat seinen Ursprung in Deutschland; er ist auch derjenige der Deutschen. Wenn wir uns fragen: Wer ist Deutscher?, dann neigen wir dazu zu sagen: Wer deutsch spricht, in der deutschen Kultur lebt. Deshalb sagen wir immer: Die Auslandsdeutschen, die Rumäniendeutschen, die Rußlanddeutschen, die Ungarndeutschen, die gehören zu uns, die müssen wir auch aufnehmen. Das ist unsere Vorstellung von Nation.

Die Deutschen waren – aus dem alten Reich herkommend – eine staatlose Nation, die sich einen Staat erst schaffen und erkämpfen mußte. Von Deutschland aus hat sich dieser Nationbegriff nach Mittel- und Osteuropa verbreitet, vor allem zu den – ebenfalls staatlosen – slawischen Völkern. Immer begann auch bei ihnen die nationale Bewegung als eine linguistische Bewegung und eine Bildungsbewegung, die die Sprachgemeinschaft zur Kulturnation formte, den angestammten Lebensraum („nationale Urerde“) entdeckte und von dort zur politischen Bewegung mit dem Ziel der Bildung einheitlicher Nationalstaaten voranschritt.

Gründet sich nun auf diesen Nationbegriff die Forderung nach Selbstbestimmung und nationaler politischer Selbständigkeit, dann ist das Ergebnis klar vorgezeichnet, nämlich der ethnisch-kulturell geschlossene, nur aus einem Volk sich bildende Nationalstaat. Auch darin ist die deutsche nationale Bewegung vorausgegangen, die anderen sind ihr gefolgt. „So weit die deutsche Zunge klingt, das ganze Deutschland soll es sein“, hat Ernst-Moritz Arndt, einer ihrer Herolde, das Prinzip formuliert; in der ersten Strophe des Deutschlandliedes („Von der Maas bis an die Memel...“), die erfreulicherweise jetzt nicht mehr Teil der Nationalhymne ist, hat sich das niedergeschlagen.

Diese Bewegung setzte nicht nur politisches Autonomiestreben frei, sie löste zugleich einen weitgreifenden Separationsprozeß aus: die nationalstaatliche Auflösung, ja das Zerschneiden der überkommenen Vielvölkerordnung Europas. Vor allem in Ost-, Mittel- und Südosteuropa, wo die Völker und Volksgruppen nicht gebietsmäßig abgeschlossen, sondern verstreut und gegeneinander offen lebten, hat dies unabsehbare Konsequenzen gehabt. Die Habsburgermonarchie ist daran zerbrochen. Und wird die Sprache zum Kriterium der Zugehörigkeit zu Volk und Nation, dann kann es auch nur eine Nationalsprache geben. Wer sie spricht, gehört zum Volk (auch wenn er – noch – außerhalb der Grenzen wohnt), und wer sie nicht spricht, steht draußen, ist ein Fremder, andersartig. Assimilationsdruck und -zwang, an der Sprache festgemacht, sind die Folge. Als Alternative bleibt dann die Herausdrängung des Fremden, die Exilation. Das hat sich in der Geschichte im 20. Jahrhundert nicht nur nach einer Richtung in schlimmer Weise ausgewirkt.

b) Dem steht der politische Nationbegriff derjenigen Völker gegenüber, die ihr politisches Selbstbewußtsein am bereits vorhandenen Staat ausbilden und daran zur Nation werden konnten. Die Nation entsteht und besteht hier als *politische Bekenntnisgemeinschaft*: Man will gemeinsam in und unter einer bestimmten politischen Ordnung leben. Dieser gemeinsame Wille macht die Nation aus, nicht natürliche, seinsmäßige Vorgegebenheiten. Dieser Nationbegriff bildete sich vor allem in Frankreich aus, am bereits vorhandenen Staat der französischen Könige, den die Revolution vollendete. Er ist von seinem Ausgangspunkt her für ethnisch-kulturelle Vielfalt offen, aber auch er hat – die Entwicklung in Frankreich zeigt es besonders deutlich – die Tendenz zu Sprachenkonformität und Sprachenuniformität: Wer sich zur politischen Nation bekennt, spricht auch ihre Sprache. Zwar wird von der ethnischen Herkunft als einer seinsmäßigen Zugehörigkeit abgesehen, die Übernahme der Sprache der Nation ist aber die Konsequenz des Bekenntnisses zu ihr und zugleich das Beweiszeichen für dieses Bekenntnis. Auch die Vereinigten Staaten beruhen auf diesem politischen Nationbegriff: Man will in dieser Ordung leben, unter der „Bill of Rights", der Constitution und dem gewählten Präsidenten. Das integriert, und von daher ist verständlich, weshalb in der Schulen der USA der Flaggenappell als einheitsstiftendes Element so stark gepflegt wird.

Dieser politische Nationbegriff ist einem imperialen Ausgriff leichter zugänglich als der ethnisch-kulturelle. Da es nur auf das willentliche Bekenntnis ankommt, kann dies auch von bisher Fremden, werden sie dem sich ausdehnenden Staat eingegliedert, verlangt und entsprechender Integrationsdruck ausgeübt werden. Der ethnisch-kulturelle Nationbegriff hingegen verlangt hier, bleibt er sich treu, die Begrenzung.

c) Für beide Nationenbegriffe ergibt sich so – ungeachtet ihrer Unterschiede – die Sprachenkonformität als wesentliches Merkmal der nationalen Einheit. Die Folge war die Ablehnung der Unterschiedenheit in der Sprache (samt der von Sprache geprägten Kultur) und statt dessen die Aufrichtung öffentlicher Spracheneinheit, die sich auf die Amtssprache, die schulische Unterrichtssprache, die allgemeine Verständigungssprache bis hin zur Kultur-

und Kirchensprache erstreckte. Solche Spracheneinheit und dadurch vermittelte geistig-kulturelle Einheit entstand nicht immer organisch, sie wurde als politisches Programm vielfach erzwungen. Überdies begnügte sich das aggressive Nationaldenken oftmals nicht mit öffentlicher Spracheneinheit, es griff darüber hinaus auch auf den privaten Sprachgebrauch zu: Sprachenunterdrückung als Form des Sprachenterrors. Das haben nicht nur Elsässer und Südtiroler nach dem Ersten Weltkrieg erlebt, auch in anderen Regionen Europas war und wurde es aktuell.

4. Nun gibt es demgegenüber in Europa auch eine andere Lösung des Problems der politischen Anerkennung von Nationen und national-kultureller Eigenart. Diese andere Lösung des Problems hat die Schweiz verwirklicht. Zu keiner Zeit hat sich die Schweiz von den Nationenbegriffen des nationalstaatlichen Europas und ihren aggressiven Konsequenzen vereinnahmen lassen. Vielmehr hat sie es verstanden, und das ist das Besondere, ethnisch-kulturelle Pluralität, d. h. das Bestehen und die Entfaltung mehrerer Kulturnationen, mit der Errichtung und dem Fortbestand nationaler politischer Einheit zu verbinden. Das war möglich durch die in der Schweizer Geschichte begründete Verbindung von staatlich-politischer Einheit und Föderalismus. Eben das Prinzip des Föderalismus der kantonalen Selbständigkeit erlaubte es, Verschiedenes und Unterschiedenes zur Einheit zsammenzuführen, ohne es in seiner Verschiedenheit auszulöschen. Nicht nur dieses Prinzip, auch die Art und Weise, wie die Schweiz diese Ordnungsidee verwirklicht hat und heute zu verwirklichen sucht, ist dabei von großem Interesse. Natürlich weist sie spezifische Eigenheiten auf, die nicht einfach auf andere Länder übertragbar sind, aber sie macht die Sachprobleme, auch die Schwierigkeiten deutlich, die mit diesem Weg verbunden sind, ebenso aber die Möglichkeit, angemessene Lösungen zu finden.

a) Der Weg, den die Schweiz geht, ist nicht einfach Minderheitenschutz. Er besteht vielmehr aus der Verbindung und Verschränkung von drei Prinzipien: der bundesrechtlichen Anerkennung mehrerer Nationalsprachen, der individuellen Sprachenfreiheit und dem kantonalen Verfügungsrecht über die Amts- und Unterrichtssprache (die öffentliche Sprache). Diese Prinzipien bedingen sich, begrenzen einander aber auch. Daß sie miteinander wirksam werden können und sich wechselseitig verschränken, verdankt sich der föderativen Verfassung der Schweiz; diese trägt und ermöglicht die regional-territoriale Gliederung in Sprachgebiete als Ausdruck ethnisch-kultureller Identität.

Was wird auf diese Weise erreicht? Es wird nicht landesweit allgemeine private und öffentliche Sprachenfreiheit proklamiert; das würde die ethnisch-kulturelle Identität der verschiedenen (Teil-)Völker über kurz oder lang in Frage stellen, weil solche Identität einer räumlich-siedlungsmäßigen Grundlage als Rückhalt bedarf. Statt dessen wird durch die territoriale Radizierung von Sprachgebieten die „Bodenhaftung" und ein Lebens*raum* der unterschiedlichen Nationen gesichert, der ihnen Fortbestand und Entfaltung als kollektive Einheiten ermöglicht. Das trägt zugleich der Gegebenheit *angestammter*, oft auf jahrhundertelanger Geschichte beruhender Kulturnationen Rechnung, die für Europa kennzeichnend ist (und zugleich einen wesentlichen Unterschied zu den USA ausmacht, wo Einwanderer aus aller Herren Länder eine neue Staatsnation mit gemeinsamer Verständigungssprache bildeten und sich in sie hineinstellten).

Indem nun diesen Kulturnationen die Möglichkeit gewährleistet wird, authentisch, „in der eigenen Wahrheit" (Václav Havel), zu leben, haben und erhalten sie kulturelle Freiheit als Teil der politischen Freiheit. Die Zugehörigkeit zur und das Stehen in der gemeinsamen Staatsnation fordert nicht die Entfremdung von der eigenen ethnisch-kulturellen Identität oder deren Abdrängung ins bloß Private. Eben dies unterscheidet ein multinationales, in sich gegliedertes politisches Gemeinwesen von der heute zuweilen etwas eilfertig propagierten multikulturellen Gesellschaft.

b) Freilich, ein Sprachenterritorialismus allein, so sehr er als Moment einer multinationalen staatlichen Ordnung Bedeutung hat, kann nicht schon das Ganze sein. Ein solcher Territorialismus, strikt angewandt, wird schnell freiheitsfeindlich. Er muß das Freiheitsmoment in sich aufnehmen und ein Stück weit offen werden. Schon die Freizügigkeit der Bürger innerhalb des politischen Gemeinwesens, die zu jeder freiheitlichen Staatsordnung gehört und nicht an ethnisch-kulturellen Gebietsbeständen endet, macht das notwendig. Sie bewirkt heutzutage, vor allem angetrieben durch unterschiedliche Wirtschaftsentwicklung sowie durch den Sog von Industriestandorten und die Lage von Ausbildungsstätten, notwendig eine Auflockerung ethnisch-kultureller Geschlossenheit und deren räumlicher Abgegrenztheit.

Lösungen, die angesichts dieser Gegebenheit tragfähig erscheinen, sind nicht immer einfach. Sie erfordern – wechselseitig – Achtung und Anerkennung der Verschiedenheit und daraus hervorgehende mittlere Wege. Aber sie sind möglich. Die Verhältnisse der Schweiz bieten auch dafür wiederum Anschauungsmaterial. Die Sprachenkarte der Schweiz kennt im Blick auf die öffentliche Sprache (Amts- und Unterrichtssprache) nicht nur „geschlossene“ einsprachige Kantone, sondern auch zweisprachige wie Freiburg und Wallis und mit Graubünden einen mehrsprachig-offenen Kanton. Die bestehenden Regelungen sind dabei im Einzelnen unterschiedlich. Überwiegend werden innerhalb dieser Kantone Sprach*gebiete* (für die Amts- und Unterrichtssprache) festgehalten, bei den zentralen Behörden (einschließlich der Gerichte) des Kantons wird hingegen grundsätzlich Zweisprachigkeit angewandt gemäß dem Personalitätsprinzip, d.h. der Bürger kann in seiner Muttersprache sein Anliegen vorbringen. Dies alles mag ein wenig kompliziert sein und das Zusammenleben aufwendiger gestalten, aber es schafft Befriedung und befestigt konkrete Freiheit.

5. Warum habe ich so lange von den Verhältnissen in der Schweiz gesprochen? Mir ging es darum, zu zeigen, daß es eine Möglichkeit gibt, einen Weg zu finden, der die destabilisierende Wirkung des politischen Nationalismus überwindet, gleichwohl aber die Eigenständigkeit der Völker und Nationen als politisches Ordnungsprinzip

beibehält. Natürlich lassen sich Schweizer Verhältnisse nicht schematisch auf Ostmittel- und Südosteuropa übertragen. Sie können aber ein Orientierungspunkt sein für die Möglichkeit eines Weges, die destabilisierende Wirkung des geschlossenen nationalstaatlichen Denkens zu überwinden und einen neuen Boden für das Zusammenleben mehrerer Nationen ohne Verlust ihrer Eigenart in einer gemeinsamen politischen Ordnung zu finden.

Allerdings ist – und darauf muß besonders hingewiesen werden – die Bewahrung der Eigenständigkeit und ihre Einbindung in eine übergeordnete politische Einheit nicht immer nur für die Sprache und die durch Sprache vermittelte Kultur notwendig. Insbesondere in Südosteuropa bei den Balkanvölkern ist das Problem weitergreifend. Da geht es um eigene Rechtsräume, um die Möglichkeit der allmählichen Aufnahme der west- und mitteleuropäischen Denktraditionen und Bewußtseinsformen. Wir machen uns ja meist nicht klar, daß insbesondere den Völkern des Balkans die Stadien der geschichtlichen Kulturentwicklung, die wir in West- und Mitteleuropa durchlaufen haben, zum großen Teil unbekannt geblieben sind. Es hat dort nicht die Entzweiung von Staat und Kirche gegeben, die seit dem Mittelalter und dem Investiturstreit die europäische Geschichte bestimmt. Es hat dort keine Reformation gegeben, keine Aufklärung und nicht das Zeitalter des Rationalismus, es hat sich dort auch keine ausgebildete „civil society" entwickelt, d.h. die Eigenständigkeit einer staatsunabhängigen bürgerlichen Gesellschaft mit entsprechenden Freiheitsinstitutionen. Der Versuch, eine eigene übergreifende politische Ordnung in diesem Bereich zu gestalten, muß das in Rechnung stellen, diese Völker zunächst auch in ihren eigenen Denktraditionen akzeptieren und sie auf dieser Grundlage in einer in sich differenzierten Ordnung zusammenbinden.

6. Freilich, wenn man auf die gegenwärtigen Verhältnisse blickt, wie sie insbesondere in Ostmittel- und Südosteuropa herrschen, dann ist kaum zu erwarten, daß diese Entwicklung von diesen Völkern dort in eigener Initiative und aus eigener Einsicht in die Hand genommen wird. Zwischen ihnen hat sich Haß gebildet und Wurzeln

geschlagen. Gibt es gleichwohl eine Möglichkeit und einen Weg, ihnen den Lernprozeß, den die West- und Mitteleuropäer nicht zuletzt durch zwei große Kriege gemacht haben, zu ersparen?

Der Aufbau multinationaler staatlicher Ordnungen in Europa, insbesondere (aber nicht nur) in Südost- und Ostmitteleuropa, bedarf angesichts der gegebenen Situation eines internationalen Rückhalts und auch internationaler Gewährträger. Sie müssen bereit sind, Verantwortung zu übernehmen. Südtirol kann hierfür ein Beispiel sein. Es hatte Österreich als Gewährträger. Wie schwierig dergleichen freilich ist, sieht man daran, daß es 40 Jahre gedauert hat, bis die Südtiroler ihr Autonomiestatut, mit dem sie in ihrer eigenen national-kulturellen Identität leben können, bekommen haben. Erst kürzlich wurde durch den Austausch der entsprechenden Urkunden der Konflikt endgültig beigelegt. Aber welch weiter Weg das war, das kann ihnen jeder ältere deutschsprachige Südtiroler erzählen.

Die Situation in Südosteuropa ist ungleich schlimmer und verfahrener, die Aufgabe ungleich schwieriger. Die West- und Mitteleuropäer sind in die Verantwortung gerufen, und sie sollten aufhören, die bisherige, von politischen, nationalen und wirtschaftlichen Eigeninteressen bestimmte Politik weitgehender Verantwortungslosigkeit weiter zu praktizieren. Was wir im Augenblick erleben, ist ein zuschauendes, in Resolutionen und wirkungslosen Appellen sich erschöpfendes Gewährenlassen von Haß und Gemetzel. Wenn aber der Haß regiert, dann fehlen alle Voraussetzungen für noch so gute Vorschläge und Lösungsideen. Das erste wäre, wieder Frieden herzustellen, und dafür muß Europa mehr tun als bislang.

Jens Reich

Am Grab des utopischen Entwurfs

Die Intelligenz in Osteuropa

Ich komme aus dem fernen Kanton Ostelbien in der eurasischen Steppe. Daß dies eine eurasische Steppe ist, wird auch sinnlich immer greifbarer. Ich arbeite in Berlin, aber mein Herz ist auf dem Grundstück in der fernen Uckermark. Die LPG dort hat zugemacht, und da sieht man, wie schnell Land versteppen kann. Inzwischen ähnelt das Gebiet sehr der Landschaft in Rußland.

Dort war ich einst. Ich habe auch dort Deutsche getroffen. Heute merke ich, wie leicht es mir fiel, mich mit ihnen zu verständigen, und wie leicht ich mich sogar über die Sprachbarrieren hinweg auch mit Tschechen oder Russen im seelischen Sinne verständigen kann, und wie schwer es mir hier fällt und wie fremd ich hier bin, obwohl ich dieselbe Sprache rede und jedesmal wieder das Wunder erlebe, daß ich hier sogar in der U-Bahn den Dialekt verstehen kann, während ich in Rußland oder der Tschechoslowakei völlig hilflos bin, wenn einer nicht die Hochsprache spricht. Ich bin also Deutscher, und trotzden werde ich wiederholt dabei ertappt, daß ich sage „wir in der DDR“ oder „bei uns im Ostblock“. Ich bin gespalten, ich bin Eurasier.

Ich habe mit in dem Boot gesessen in diesen vergangenen vierzig Jahren. Ich habe mit zu diesen Truppen gehört, so ähnlich wie die Sachsen, die, unfreiwillig rekrutiert, auf Napoleons Seite in der Völkerschlacht gekämpft haben.

Wir, die Intelligenz, zu der ich gehöre, sind inzwischen theoriefrei, mindestens theoriearm, geworden. Ich kann keine fundamentalen Erkenntnisse anbieten, ich habe auch keinen Bauchladen, aus dem ich Seele zum Verkauf anbieten könnte. Ich verspreche auch nicht den unbegrenztem Warenaustausch in Europa als Heilmittel.

Ich habe zwiespältige Gefühle. Ich weiß noch, was es für ein Festessen für unsere Kinder war, wenn Westberliner zum Picknick Heidelbeerjoghurt mitbrachten. Jahre später schrieben uns Freunde, die in den Westen emigriert waren: Wir können jetzt jeden Tag Heidelbeerjoghurt essen, aber es schmeckt überhaupt nicht mehr. Die Knappheit der Güter, der nicht perfekte Warenaustausch ist auch ein Wert, das merken wir bei uns, seit wir nur noch Flensburger Bier und Münchener Joghurt angeboten bekommen.

Auch die Knappheit kultureller Güter kann ein Wert sein. Ich erinnere mich an eine Aufführung von Bertolt Brechts „Gutem Menschen von Sezuan“ vom Mailänder „Teatro piccolo“. Georgio Strehler hatte das Stück Anfang der 80er Jahre inszeniert. Wir saßen in Ostberlin abgeschlossen mit unserer mumifizierten Brechtrezeption, die außer den Westbesuchern mit Tagesvisum niemand mehr sehen wollte, und sahen nun eine völlig neue frische Inszenierung von „unserem“ Brecht auf italienisch, bei der die wichtigsten Monologe von Andrea Jonasson auf deutsch im Proszenium gesprochen wurden, während hinten auf der Bühne alle in ihren Posen erstarrten. Die Knappheit des kulturellen Gutes bewirkte hier ein ein besonderes Erlebnis, das man nicht vergißt, während leicht zur Routine werden kann, was man immer hat. Unsere Kinder hatten z.B. jeden Montag Flaggenappell, aber das ist absolut ohne Wirkung geblieben.

Ich bitte, Intelligenz nicht mit Intellektuellen zu verwechseln. „Intellektuelle“ ist ein spezifisch sozialistischer Begriff. Er spielt eine Rolle bis in die Verfassungs- und Staatstheorie hinein. Vom Bündnis der Intellektuellen mit der Arbeiter- und Bauernmacht war dort die Rede – natürlich war das alles Vorspiegelung. Ich habe als Arzt die Einstellung des Volkes zur „Intelligenz“ kennengelernt. Es war keine harmonische Beziehung.

“Intelligenz“ umfaßte wissenschaftlich-technische, ideologische, künstlerische und politische Intelligenz. Dazu gehörte der Computerprogrammierer ebenso wie der Apparatschik im Ministerium oder der Bonze im ZK, der Arzt, der Lehrer und der Pastor. Vielleicht läßt sich Intelligenz am ehesten definieren durch den Zugang zur

Ausbildung oder durch den Gegensatz von abstrakter Arbeit zu konkreter Arbeit. In Rußland z. B. ist der Unterschied immer noch so unwahrscheinlich groß, wie ihn sinnlich in Westeuropa sich keiner vorstellen kann. Mir wurde das einmal auf einem russischen Bahnhof bewußt: Bei minus 25 zerfiel die Menschheit ganz deutlich in die, die in der „Kontora" beim heißen Ofen saßen und Papiere ausfüllen durften, während die anderen hart arbeiten und hinaus mußten zu den Waggons und den Gleisen. Das war der Unterschied zwischen Intelligenz und Volk, nicht der zwischen Nomenklatur oder Parteihierarchie und unzufriedener Technointelligenz.

Die Gesamtheit der Intelligenz hatte das Steuerrad des Systems in der Hand. Es war das System einer rational (nicht effizient) durchorganisierten Gesellschaft, geplant nach einem bewußten Entwurf bis in die letzten Kennziffern für Streichhölzer, Nähnadeln und Klopapier. In einer solchen Gesellschaft wird abstrakte Arbeit als stabilisierendes und regulierendes Instrument noch wichtiger als ohnehin schon in allen modernen Gesellschaften. In den 70er Jahren haben die ungarischen Soziologen György Konrád und Istvan Szelényi in ihrem Buch „Die Intelligenz auf dem Wege zur Klassenmacht" eine Theorie für diese Intelligenz geliefert – nicht etwa für den Hegemon oder die oberste Schicht auf dem Wege zur Macht, sondern bezogen auf die gesamte Intelligenz.

Was sie nicht vorausgesehen haben, ist jene historische Singularität, die 10, 15 Jahre später mit den Ereignissen von 1989 eingetreten ist. Diese herrschende Schicht trat ab, sie wickelte das System selbst ab, sie leitete selbst die Abtragung des Gebäudes ein, das ihr all ihre (relativen) Bequemlichkeiten gebracht hatte. Das Ganze wurde deshalb ein friedlicher Prozeß. Es war nicht so, daß da die Herrschenden nach generationenlanger Degeneration zu Diktaturen mit Blutvergießen abgeräumt werden mußten. Es war ein friedlicher Prozeß, merkwürdig kooperativ, auch wieder im Rahmen eines rationalen Konzepts. Das Stichwort war „Anreicherung des gesellschaftlichen Systems mit den Errungenschaften der bürgerlichen Epoche", also Menschenrechte, Bürgerrechte, parlamentarische Demokratie, Marktmechanismen. Was herauskam, war der Abbruch des ganzen Experiments. Die Überschrift „In der Wahrheit leben“ war die Losung, die uns mit emotionalem Überschwang erfüllte, und es endete damit, daß wir in die Illusion eintraten. Das Ergebnis war, daß diese Intelligenz, von Modrow, Gysi über die Bürgerrechtler und die Marktwirtschaftler bis hin zur CDU langsam und gleitend die Macht überführt hat und die Bevölkerung ebenso gleitend die Sympathien umverteilt hat.

Analoges ist in Ungarn, Polen, der Sowjetunion passiert, auch das Schicksal der Intelligenz mit den „Wahlerfolgen.“ von fünf Prozent für Jiri Dienstbier in Prag ist dasselbe gewesen: Die Intellektuellen wurden abgewählt, abgesetzt, nicht angehört und nicht gelesen, ihnen wurden die Mittel verweigert. Das Volk sagte: Schluß mit den Rednern, mit diesen Pastoren, die alles besser wissen wollen und uns vorschreiben, wie wir leben sollen. Andere sollen das jetzt machen, die stehen schon bereit. Beleidigt und frustriert steht diese Intelligenz jetzt da. Sie wird dequalifiziert, die Habilitationen und Schriften der Geisteswissenschaftler passen nicht mehr, sie können nichts vorweisen, ihre Verbindung mit dem System wird ihnen jetzt zum Nachteil. Frustriert und depressiv stehen wir alle herum, jeder stirbt jetzt für sich allein. Wir stehen da mit unseren abgeschabten Jacketts auf den eleganten Westparties und jeder schämt sich für den anderen.

Stattgefunden hat ein innerer und äußerer Exodus von geistigen Kräften. Ich war kürzlich in Boston, da konnte ich mehr russische Freunde von mir treffen als ich heute in der russischen Stadt wiederfinden würde, in der ich einst arbeitete. Es sind nicht die Armen, die weggehen, es sind eher die Cleversten und Intelligentesten, die diesem „Drain“ folgen und aus dem Lande gehen.

Das, was von der Intelligenz verlangt wird, kann sie nicht leisten: Sie kann z. B. nicht die glückhafte Einführung von politischer Demokratie und Marktwirtschaft liefern. So wurden sie von der Bühne verjagt, alle miteinander von Gorbatschow bis Havel. Einige Harlekine wie Gamsachurdija konnten sich noch einige Zeit halten, zurück blieben eine leere Bühne und Katzenjammer, eine theoriefreie tabula rasa. Die Vernichtung der Vergangenheit ist für uns ein realer Prozeß. Einmal wurde die Vergangenheit zwischen 1945 und 1955 vernichtet und als deklassiert abgetan, jetzt haben wir keine Schulbücher mehr. Die Begriffe, mit denen wir gedacht haben, sind obsolet geworden – auch wenn wir oppositionell gedacht haben, taten wir dies im gleichen Kategorienraum.

Es fehlt nicht so sehr der Glaube an irgendetwas. Mein Bücherschrank ist zu drei Vierteln obsolet. Es macht keinen Spaß mehr, Strittmatter oder Christa Wolf zu lesen. Es lohnt auch nicht mehr, die Abrechnung mit der bürgerlichen Ideologie der sogenannten „Frankfurter Schule" zu lesen, um zwischen den Zeilen dann etwas über diese Frankfurter Schule zu erfahren. Es fehlt nicht der Glaube, sondern es fehlt das Widerlager, der Reibebaum, an dem wir uns gerieben haben, es fehlen Ziele. Statt dessen sehen wir hilflose Rückgriffe auf Kulissenfiguren – z.B. auf die seit Versailles und Stalin weitgehend zerstörte Nation, auf die Religion, oder auf die Tradition in lächerlichen Kostümierungen nicht nach dem Geist, sondern nach den Fotografien unserer Urvorväter. Und dann finden wir den Griff nach Idealen, die nur noch neue hohle Utopien sind: Die Freiheit ist die desjenigen, der das schärfste Messer in der Hand hat, die Demokratie ist die derjenigen, die am besten bewaffnet sind, die parlamentarische Demokratie ist manipuliert, der Weg der Marktwirtschaft ist versperrt.

Daß er versperrt ist, das sehen wir schon bei uns in Ostdeutschland, und je weiter östlich man kommt, desto klarer wird es. Das reiche Deutschland hebt sich jetzt schon einen Bruch mit den 16 Millionen der neuen fünf Bundesländer, auf der Welt aber gibt es zusammen mit dem kurz vor dem Grab des Entwurfes der Utopie stehenden China 1,5 Milliarden vor den Toren der Marktwirtschaft. Das Kapital ist nicht einfach feige, es zögert aus rationalen Gründen, massiv in diesen Ländern zu investieren, denn es fehlt der Infrastrukturvorlauf, selbst Risikokapital hat kein Interesse, und der Markt funktioniert nur in ganz kleinen Bereichen. Es bilden sich stillschweigend monopolistische Strukturen und Kartelle, es entstehen sekundäre Märkte, bei denen die Konkurrenz mit Methoden der Mafia ausgeübt wird. Ganze Gesellschaften werden arbeitslos.

Es gibt für die zweite Welt keinen Weg in die erste. Aber, und das ist ein optimistischerer Zug in meiner Argumentation, ich glaube auch nicht, daß dieser europäische Osten und das asiatische Rußland auf dem Weg in die Dritte Welt und in einen neuen Nationalismus und Fundamentalismus sind. Meinem Empfinden nach sind das alphabetisierte Gesellschaften, die breite Elemente einer sozialen Regelung und sozialen Utopie erlebt haben. Sie besitzen entwickelte kulturelle Institutionen und befinden sich jenseits der Formationsperiode von Nationalstaaten oder Theokratien. Ich glaube, das sind Rand- und Übergangsphänomene.

Was ist die Aufgabe der Intellektuellen in dieser Situation? Ich weiß es nicht. Jedenfalls sollten sie nicht lustlos eine weitere Utopie predigen oder sich nur anpassen. Eher denke ich, der Weg ist offen. Wir befinden uns jenseits der Utopien an einer leeren Tafel. Niemand hindert uns, erfinderisch zu sein und neue Konzepte hervorzubringen. Wir haben auch eine gemeinsame Aufgabe, ich glaube, sie ist wieder utopisch: Es geht um das Konzept einer Gesellschaft jenseits von Affluenz und ökonomischer Dominanz, jenseits von diesem sich abschottenden Reichtum, jenseits der Wahnvorstellung einer immerwährenden Wachstumsfunktion in allem. Da brauchen wir Konzepte, sie sind utopisch, ich kann nur Elemente einer solchen Utopie angeben.

Das einfachste davon ist meine Utopie: Wenn meine Enkel so alt sind wie ich jetzt, dann sollen sie noch Wasser trinken und Luft atmen können, ohne einen Hustenanfall zu bekommen. Ein weiteres Element meiner Utopie – ich müßte weit ausholen, um das auf der emotionalen Ebene klarzumachen – ist, nicht mit der Angst vor der Wanze in der Wand leben zu müssen. Die Freiheit von der Wanze und die Freiheit von der Kette, von der Mauer, das gehört zu dieser Utopie. Das, was wir erreicht haben, soll nicht kleingeredet werden in den Turbulenzen beim Übergang in eine ungewisse Zukunft und in den Desillusionierungsprozessen, die stattfinden müssen, denn die Rückkehr in die 50er, 60er und 70er Jahre wird uns im Osten nicht vergönnt sein.

RICHARD SENNETT

Die zweite Wunde

Knöchel und Augen

In Sophokles' Schauspiel „Oedipus Rex" wird eine Tatsache angesprochen, die alleine besehen wenig interessant erscheint – nur ein Zahn im Räderwerk der Handlung. Der König hat an beiden Knöcheln Narben, die von einer in der Kindheit erlittenen Verwundung herrühren. Im Griechischen bedeutet der Name Oedipus „der mit den durchbohrten Knöcheln". Der König ist umhergezogen und hat jede Verbindung zu seinem Herkunftsland verloren. Als es dann für die anderen Charaktere wesentlich ist, seine Identität zu bestimmen, kann dies anhand der Narben geschehen. Die Identifizierung beginnt mit dem Spruch des Boten: „Your ankles should be witnesses" (Eure Knöchel sollen Zeugnis geben)[1]. Des Königs Reisen haben keine vergleichbaren Merkmale an seinem Körper hinterlassen. An diesem Punkt wird die Herkunft des Oedipus zu seinem Schicksal.

In Sophokles' Drama bleiben die Narben an den Füßen nicht die einzigen Wundmale am Körper des Königs. Oedipus setzt den Wunden, die ihm als Kind zugefügt wurden, andere entgegen: er blendet sich selbst. Dieser zweite Makel – die aus ihren Höhlen gerissenen Augäpfel – steht für seine Verneinung der Vergangenheit. Durch die zweite Narbe wird er zu dem Mann, dessen Lebensweg im wahrsten Sinn des Wortes von seinem Gesicht abzulesen ist.

Im folgenden will ich zu ergründen versuchen, was diese zweite Narbe bedeutet. Wird die Oedipus-Sage aus psychoanalytischer Sicht betrachtet, dann ist sie ein sichtbares Zeichen von Schuld. In Sophokles' Erzählung jedoch löst die Selbstverstümmelung eine weitere, über Fragen wie Inzest und Vatermord hinausgehende Handlung aus. Jetzt geht es um die Anstrengungen des Königs, zum Ort seines Ursprungs zurückzukehren. Oedipus glaubt, daß er Theben verlassen und möglicherweise in seine eigentliche Heimat zurückkehren kann, zu *seinem* Berg („... *my* mountain, which my mother and my father while they were living would have made my tomb").[2] Dazu soll es nicht kommen. Oedipus wendet sich zum Dorf Coloneus, eine Meile nordwestlich von Athen, wo er gemäß dem Orakelspruch statt dessen sterben soll. Es gelingt ihm nicht, in die Vergangenheit zurückzufinden; er muß erkennen, daß er zum ewigen Umherstreifen verdammt ist, da seine zweite Narbe alle vor ihm zurückschrecken läßt, die die Bedeutung dieser leeren Augenhöhlen kennen.

Aus psychologischer Sicht beeinträchtigt der Glaube an den Ursprung, die Herkunft jeden Prozeß des Werdens, stellt die Realität der Gegenwart in Frage. Dieser Glaube nährt auch ein bestimmtes soziales Verhalten. So handelt es sich beim Nationalismus in erster Linie um das Bewußtsein der eigenen Herkunft. Dieses Bewußtsein scheint umso stärker zu werden, je weiter es einen Menschen von seiner Heimat verschlägt. Wie ein Immigrant aus einem kleinen Dorf bei Danzig es gegenüber dem Soziologen Florian Znaniecki formulierte: „Daß ich Pole bin wurde mir erst bewußt, als ich nach Amerika kam." Im nationalistischen Denkmuster tragen Menschen ihren kulturellen Ursprung wie die erste Narbe des Oedipus mit sich herum – als Vergangenheit, die wiedererlangt, als Wahrheit, die wiedergefunden werden muß. Unter den vielen destruktiven Kräften des Nationalismus ist es der Wert, der der Nationalität beigemessen wird, der Migrationen zu negativen Bewegungen macht. Derjenige, der seine Heimat verlassen hat, empfindet den Ausländer, zu dem er damit zwangsläufig wird, als Fremdling, als einen in die Gegenwart Verirrten.

Sophokles' Erzählung zur zweiten Narbe des Oedipus weist darauf hin, daß „displacement" – das In-die-Fremde-verschlagen-sein – möglicherweise etwas komplizierteres ist als der einfache Verlust eines Ortes (place). In der Tat sah der griechische Betrachter die nicht endenwollende Wanderung des Königs als einen komplexen Vorgang: in ihr schwingen die Erzählungen des Homer mit, insbesondere die Odyssee. In der griechischen Praxis, wie sie sich später in den Römischen Gesetzen niederschlug, gab es Situationen, in denen es ehrenhafter war, ins Exil zu gehen als die Lösung des Sokrates zu wählen. (Er zog den Freitod vor, als er seine Heimatstadt verlassen sollte.) Dadurch, daß er das *exilium* wählte, konnte ein wegen eines Kapitalverbrechens Verurteilter seiner Familie und seinen Freunden die Schande und den Schmerz ersparen, die seine Exekution für sie bedeutet hätte. In *Oedipus Coloneus* jedoch gibt Sophokles dem eigentlichen Vorgang der Migration eine völlig neue moralische Dimension: Er zeichnet Oedipus als einen Menschen, den seine Entwurzelung erhöht, edler gemacht hat. In diesem Schauspiel wird Oedipus zum *metic*, dem Fremdling mit tragischer Größe, dessen Selbstverständnis tiefer geht als das des normalen Bürgers, der sich kein Leben außerhalb des Ortes vorstellen kann, an dem er sein ganzes Leben verbrachte.

Der Grund hierfür liegt in einem tiefgreifenden Argwohn gegenüber dem, was man die „Anthropologie des Alltäglichen“ nennen könnte; *nomos*, die Gebräuche des Stadtstaates stellen keine Wirklichkeit dar. Diese Abwertung alltäglichen Verhaltens tritt in *Oedipus Coloneus* offen zutage, als Oedipus folgendermaßen zum jungen Theseus spricht:

Dear son of Aegeus, to the gods alone it happens never to die or to grow old: all else is confounded by almighty Time. The strength of the land wastes away, and the strength of the body; faith dies and faithlessness comes to be, and the same wind blows not with constancy either in the friendships of men or between city and city. To some now, and to others later, the sweet becomes bitter and then again pleasant. And if in Thebes it is now fair weather for you, Time in his course will break to pieces the present pledges of harmony for a small world's sake.[3]

Gerade weil sie nicht verheilt, ist die zweite Wunde, die den Wandernden, den Fremden zeichnet, ein Zeichen der Gnade. Derjenige, der aus bestimmten Verhältnissen ausgebrochen ist, ein entwurzeltes Leben führt, kann sich zum menschlichen Wesen entwickeln: Indem er durch die Welt streift, vermeidet er blindes, ritualhaftes Teilhaben. Die beiden Narben am Körper des Oedipus Rex kennzeichnen den grundsätzlichen Konflikt zwischen dem

Wirklichkeitsanspruch des *Ortes* und der Herkunft und anderen, noch zu entdeckenden Wirklichkeiten, den Wirklichkeiten des *Werdens*.

Der moralische Wert, der der Entwurzelung beigemessen wird, ist von zentraler Bedeutung in jüdisch-christlicher Tradition. Die Menschen des Alten Testamentes sahen sich selbst als entwurzelt, umherstreifend. Jahve selbst war ein allgegenwärtiger Gott, die Bundeslade war tragbar und, wie es der Theologe Harvey Cox formulierte: Als die Bundeslade schließlich in die Hände der Philister fiel, wurde den Juden allmählich klar, daß Jahve sich nicht darin befand („When the Ark was finally captured by the Philistines, the Hebrews began to realize that Yahweh was not localized even in it ... He traveled with his people and elsewhere").[4] Jahve war eher ein Gott der Zeit als ein Gott des Ortes; er verhieß denen, die ihm nachfolgten, einen göttlichen Sinn hinter ihrem unglücklichen Umherziehen.

Wie für die Juden des Alten Testaments, waren auch für die Christen das Umherziehen und Ausgesetztsein die direkte Folge ihres Glaubens. So erklärt der Autor der „Epistle to Diognatus", die zur Blütezeit des Römischen Reiches entstand:

Christians are not distinguished from the rest of humanity either in locality or in speech or in customs. For they do not dwell off in cities of their own ... nor do they practice an extraordinary style of life ... they dwell in their own countries, but only as sojourners ... Every foreign country is a fatherland to them, and every fatherland is a foreign country.[5]

Später benutzt Augustinus dieses Bild des Umherziehenden, um die zwei Städte zu definieren:

Now it is recorded of Cain that he built a city, while Abel, as though he were merely a pilgrim on earth, built none. For the true City of the saints is in heaven, though here on earth it produces citizens in which it wanders as though on a pilgrimage through time looking for the Kingdom of eternity.[6]

Diese „Pilgerschaft durch die Zeit" findet ihre Berechtigung im Verbot Jesu an seine Jünger, Bildnisse zu errichten sowie in seiner Verheißung, den Tempel von

Jerusalem zu zerstören. Die jüdisch-christliche Kultur wurzelt in der Erfahrung des Nichtseßhaft-Seins, sie ist eine religiöse Kultur der zweiten Oedipus-Wunde.

In diesem Zusammenhang müssen wir die neuzeitlichen Auffassungen über Heimat (place) und Zugehörigkeit sehen. Sie schlagen sich in einer für uns leicht erkennbaren Form in der Ideologie des Nationalismus nieder, und sind in dieser Form für den aufgeklärten Geist inakzeptabel. Jedoch hat die nationalistische Ideologie eine Umwandlung erfahren und eine Form angenommen, in der sie durchaus akzeptiert wird. In freiheitlichen Demokratien verbergen sich die Appelle an „das Volk" hinter einer Verherrlichung des Raums, in dem soziale Beziehungen stattfinden. In freiheitlichen Demokratien erscheint der Nationalismus in einer Verkleidung, gibt sich als „ideology of the city" (Stadt-Ideologie). Betont werden das Teilen miteinander, die Bedeutung des Ortes und der Wert der Identität. Natürlich steckt hinter diesem liberalen Nationalismus die Hoffnung, daß unterschiedliche Menschen im sozialen Raum zueinanderfinden können; ein solches Zueinanderkommen von Unterschieden „verstädtert" den Raum, denn die Stadt sammelt Unterschiedliches in sich. Das Ziel dieser liberalen Ideologie ist es aber, Abstände zu überwinden, Verbindungen zu knüpfen; es geht im eigentlichen Sinn um Heilung, Heimat. „Ursprung" wird zu „Ort": Zeit erscheint in der Maske des Raums.

Diese Sehnsucht nach „place" (Heimat) widerspricht aber den humanistischen Werten der Heimatlosigkeit wie sie zu Beginn westlicher Zivilisation entstanden. Mehr noch, die zweite Narbe am Körper des Oedipus spricht von einer Wahrheit, die für den demokratischen Liberalismus untragbar ist: Sie besagt, daß die Befreiung vom Ursprung, vom *nomos* (Gesetz) und vom Ort dadurch erreicht wird, daß der Mensch sich selbst Gewalt antut. In Oedipus Rex schwingt damit auch *der* Aspekt des Christentums mit, der dem modernen Denken ebenfalls fremd ist: die Bereitschaft des Gottessohnes, sich kreuzigen zu lassen. Wir aber sind rational veranlagt, wir wollen uns nicht selbst Schaden zufügen. Ist es möglich, *ohne* Selbstzerstörung jene heimatlose Freiheit zu erlangen, die Sophokles aufzeigt und die auch der christliche *mythos* der Kreuzigung beinhaltet?

Alexander Herzens Exil

In seiner Studie *Vico und Herder* zeigt Isaiah Berlin, wie die Suche nach einem Heimatort, die für den modernen Nationalismus zum zentralen Thema geworden ist, aus einem äußerst liberalen Grund entstehen kann. Es ist die Bestätigung der Erhabenheit menschlicher Unterschiede. Berlin formuliert es so, daß für Herder die Unterschiede zwischen den Menschen das Wichtigste sind, da erst sie die Menschen zu dem machen, was sie sind („... it is (people's) differences that matter most, for it is the differences that make them what they are, make them themselves").[7] Die Behauptung, daß Menschen kulturspezifisch geprägt sind, bedeutete im 18. Jahrhundert mehr als nur die dringende Bitte, anthropologische Variation ernst zu nehmen. Es war ein Angriff auf das, was wir heute als „Eurozentrismus" bezeichnen. In Voltaires Augen ist es eine schreckliche Arroganz zu behaupten, jeder müsse, um glücklich zu sein, Europäer werden.[8] Unterschiedliche Menschen an unterschiedlichen Orten finden unterschiedliche Wege für ihr Streben nach Glück, diesem schwierigsten aller Unterfangen. Gerade hier verläuft aber der Bruch zwischen der Bejahung von Unterschieden im 18. Jahrhundert und der im 19. Jahrhundert: Voltaire glaubt, daß die Tatsache, daß andere Menschen keinesfalls an Nahrungsmitteln sterben, die wir niemals zu essen wagen würden, uns dazu bringen sollte, unsere eigenen Überzeugungen in Frage zu stellen – wobei wir uns nicht gleich eine Mahlzeit aus gegrillten Insekten zubereiten müssen. Die Wahrnehmung unterschiedlicher Wertstrukturen sollte den Wahrnehmenden kosmopolitischer machen. Herder demgegenüber sah bereits in die Zukunft: Das Erkennen von Unterschieden läßt die Menschen eher noch ethnozentrischer werden; verglichen mit gegrillten Insekten erscheint eine Wurst wie der Inbegriff der Zivilisation. Nach Herders Meinung kann die Kenntnis über Unterschiede Toleranz nicht nur fördern, sondern auch schmälern.

In den ersten Frühlingswochen des Jahres 1848 vermuteten Pariser Bürger wie „Daniel Stern" (so das Pseudonym von Marie d'Agoult, der zeitweiligen Gefährtin von Franz Liszt, deren Chronik des Jahres 1848 den Aufruhr in lebhaften Farben schildert), daß die Ausländerkolonie sich innerhalb weniger Tage auflösen werde.[9] Ende April bemerkt Daniel Stern aber, daß seltsamerweise nur wenige der Emigranten Paris verlassen hatten, um in ihre Heimatländer zurückzukehren: „Man sieht sie noch immer diskutierend im Palais Royal, ausländische Abgesandte empfangen, bramarbasieren; sie sind voller Hoffnung, jedoch hat keiner seine Koffer gepackt."[10]

Vielleicht der größte der im Exil lebenden Männer des 19. Jahrhundert erscheint nur kurz auf dieser Szene. Indem er sie beobachtet, fängt er aber in einprägsamer Prosa eine moderne, rationale Veränderung an der zweiten Narbe des Oedipus ein: die Möglichkeit, als Heimatloser zu leben, ohne sich selbst Schaden zuzufügen.

Alexander Herzen war der uneheliche Sohn eines älteren russischen Adeligen und einer jungen deutschen Frau (daher sein Name). Inspiriert durch den Aufstand von 1825 engagierte sich der junge Mann in seiner Heimat auf radikaler politischer Seite; er gehörte zu den Verfechtern der konstitutionellen Monarchie und liberaler Reformen. Dafür erduldete er die innere Emigration und schließlich die Verbannung aus Rußland. Wie andere seiner Generation glaubte er zunächst nur für eine gewisse Zeit im Exil leben zu müssen und ging davon aus, daß er in sein Geburtsland zurückkehren werde, sobald die Umstände dies erlaubten. Als die Möglichkeit zur Rückkehr dann aber gegeben war, tat er nichts dergleichen. Was ihn zurückhielt, war nicht etwa eine bereits erfolgte soziale Assimilation, die Liebe zur europäischen Kultur oder eine persönliche Bindung (wie etwa bei seinen Freund Turgenev, den seine Liebe zu Pauline Viardot festhielt). Herzen war weiterhin glühend an den Geschehnissen in seiner Heimat interessiert, glaubte aber nicht, daß er je wieder dort leben könne. Er reiste von einer Hauptstadt

Westeuropas zur anderen und lebte zuletzt in London, wo er eine Zeitung über Rußland herausgab, die unter dem Namen „The Bell" bekannt wurde.

Warum hatte er nicht mehr den Wunsch, zurückzukehren? Anders formuliert: Auf welche Weise verlor sich sein Verlangen nach „place" (im Sinn von Heimat)?

Am 27. Juni 1848 kam die Revolution in Paris zu ihrem Ende. Truppen schwärmten durch die Stadt und schossen wahllos in die Menge; die Arbeiterviertel lagen unter Kanonen-Sperrfeuer; die Ordnungskräfte waren auf den Plan getreten. Wie die anderen Ausländer, die bisher freiwillig in Paris geblieben waren, war Herzen jetzt gezwungen, die Stadt zu verlassen. Er ging nach Genf, dann nach Italien, wieder zurück nach Frankreich. Schließlich, im August 1852, kam er nach London – ein Mann mittleren Alters und kränkelnd. Seine Frau hatte einen Liebhaber. Er sprach sich öffentlich gegen die Slavophilen in seiner Heimat aus, die dort die radikale Politik bestimmten. Englisch sprach er nur stockend, im Stil Sir Walter Scotts, dessen Romane er gelesen hatte. Er schreibt: „(L)ittle by little I began to perceive that I had absolutely nowhere to go and no reason to go anywhere" (Nach und nach wurde mir klar, daß es für mich absolut keinen Ort gab, zu dem ich gehen konnte, und keinen Grund überhaupt irgendwohin zu gehen)[11]. Dann aber fühlte er auch, daß in seinem Inneren allmählich eine Veränderung stattfand („... By degrees, a revolution took place within me.") Teilweise begann er sogar, seine Isolation im Exil zur Tugend zu erheben: „Ich wurde mir einer inneren Kraft bewußt... Ich wurde immer mehr unabhängig von allen anderen." („I was conscious of power in myself... I grew more independent of everyone")[12] Er beschreibt die Welt, wie er sie jetzt sah: „Die Maskerade war vorüber, die Dominokostüme waren weggeräumt, die Girlanden waren von den Köpfen gefallen, die Masken von den Gesichtern."[13]

Die Wunde der eigenen Herkunft birgt für den modernen „Wandernden" zwei Gefahren: die des Vergessens und die der Erinnerung. Zum Vergessen läßt sich der Ausländer durch seinen Wunsch nach Assimilation verleiten; Erinnerung bedeutet, daß er sich durch Nostalgie selbst zerstört. In seinem eigenen Umfeld sah Herzen in den 50er Jahren des vorigen Jahrhunderts diese Gefahren in zwei Männern aus seiner Vergangenheit, den 30er und 40er Jahren, verkörpert.

Ivan Golovin lebte, wie Herzen selbst, als politischer Flüchtling. Zunächst sah Herzen in ihm allerdings nur ein jämmerliches Individuum, einen kleinen Gauner, der nach einigen Jahren von der Pariser Börse ausgeschlossen wurde, seine Mit-Emigranten ausnutzte, von Szene zu Szene huschte. Er erkannte in Golovin seine eigenen Schwächen wie unter dem Vergrößerungsglas, wenn er fragt: „Warum hat er Rußland verlassen? Was will er in Europa? . . . Seiner Heimaterde entrissen kann er keinen Schwerpunkt finden" (What had he left Russia for? What was he doing in Europe? . . . Uprooted from his native soil, he could not find a center of gravity).[14] In Herzens Londoner Betrachtungen nimmt Golovin an Bedeutung zu. Golovins Charakter, schrieb er, trug den Stempel einer ganzen Klasse von Leuten – jener Leute, deren Streben nach Assimilation dazu führte, daß sie ihr eigenes Ich verloren:

. . . who live nomadic lives, with cards or without cards at spaces and in great cities, invariably dining well, known by everybody, and about whom everything is known, except two things: what they live on and what they live for.[15]

Da sie fürchten, andere zu befremden oder zu langweilen, tragen sie die Wunde vorsätzlicher Amnäsie.

Nostalgie ist das Gegenteil von Amnäsie. Herzen bemerkte ihre Symptome 1850 in Genf, nachdem er gerade mit den anderen Flüchtlingen aus Zentraleuropa Paris verlassen hatte. Zum ersten Mal dämmerte es vielen von ihnen, daß sie für immer im Exil waren; sie bildeten eine „bizarre geschlossene Gesellschaft aus trägen Erinnerungen und Hoffnungen, die sich nie erfüllen können . . . immer wieder angewiesen auf die Vergangenheit. . . ". Der Mensch im Exil konnte damit auch durch sein eigenes Erinnerungsvermögen versklavt werden, jenen „ . . . Fragen, Gedanken und Erinnerungen, aus denen eine niederdrückende, fesselnde Tradition entsteht."[16]

Diese niederdrückende Fessel zur Vergangenheit fand Herzen später in Pater Pecherin verkörpert. In London erschien es Herzen, als ob dieser russische Priester, den er in seiner Jugend angeschwärmt hatte, slavophiler geworden sei, stärker und in mystischer Weise einer Heimaterde verbunden als irgendein Russe, der sein Land nicht hatte verlassen müssen.

Herzen fand für sich einen Mittelweg zwischen diesen beiden Männern. In London, behauptet er, fühle er sich plötzlich fähig dazu, die Achsen seines Ausländer-Seins umzukehren; er könne ebenso leicht Italiener wie Russe sein. Er erkannte, daß „Heimat“ keine Ortsangabe ist, sondern ein (bewegliches) Bedürfnis: Wo immer man ist, die Heimat ist immer irgendwo anders.[17]

Während sich Herzens Leben in England abspielt, einem sonnenlosen Land mit freundlichen, aber schwerblütigen Leuten, wechselte das Heimatland, das er nötig hatte. Aus einem Land voll Schnee wird es ein Land voll Sonne, schließlich ein Land jenseits des Meeres – Herzen wird immer die Heimat haben, die er braucht, solange er nur deren Aussehen verändern kann. Zu der ironischen und leicht bitteren Erkenntnis, daß er eine Heimat braucht, kommt Herzen erst als älterer Mann; er räumt ein, daß er sich niemals vollständig fühle. Letztendlich findet er sich mit seiner Unzulänglichkeit ab: sie existiert auf Dauer, ist die Wunde, die nicht verheilt. Diese Fähigkeit, „Heimat“ an verschiedenen Orten zu erkennen, wünschte Herzen auch den anderen Flüchtlingen, die im März 1848, als sich die Grenzen öffneten, nicht ihre Koffer packten, nicht in die geliebten Länder ihrer Kindheit, zu ihrer eigenen Sprache, ihrer Erde, ihren „Orten“ zurückkehrten. Er erinnert sich, daß in London jemand zu ihm sagte, aus ihm höre man einen Außenstehenden, einen Betrachter sprechen, und meint dazu: „Aber ich kam keineswegs als Außenseiter nach Europa. Dazu wurde ich erst hier.“ (But I did not come to Europe as an outsider, you know. An outsider is what I have become.)[18] Dies ist keine Klage, hier spricht kein Opfer.

Ich bin hier auf den im Exil lebenden Herzen eingegangen, weil er in meinen Augen ein freier Mann war, und zwar auf eine sehr „moderne“ Weise. In der heutigen Welt beinhaltet der Begriff „place“ (Ort) eine Bedrohung der Freiheit. Jemand, der an Ort und Stelle verharrt, zieht sich vor den Schwierigkeiten und Unannehmlichkeiten zurück, die die praktische Erfahrung von Unterschieden mit sich bringt. Den Begriff „Ort“ oder „Platz“ verstehe ich nicht rein geographisch, obgleich er natürlich mit Geographie eng verknüpft ist. Ein Platz in der Welt kann aus der Solidarität innerhalb einer Rasse bestehen, aus einer ethnischen Gemeinschaft oder einer Gemeinschaft mit gleichen sexuellen Praktiken, oder aus den Ritualen Jugendlicher – aus einer Gesellschaft sich auf sich selbst beziehender Individuen also. Die heutige Grundregel der Identität droht die persönliche Freiheit zu beschränken auf die kulturellen Praktiken an einem Ort: Bedürfnisse sind insoweit legitim, als sie mit den kulturellen Praktiken der Mexikaner, älteren Russen oder jungen Negerinnen identifiziert werden können. „Unterschiede“ markieren anthropologische Grenzen, und die Menschen leben innerhalb dieser Grenzen, als ob sie nicht den Wunsch verspürten, ihren eigenen Unterschied zu anderen Menschen zu überwinden.

Der Ausländer, der sich ja seines Ortswechsels bewußt ist und mit Rimbaud sagen könnte „Ich bin ein anderer“, kann sich nicht einfach an einen klar umrissenen Ort zurückziehen. Er oder sie muß möglichst etwas über die Reise hinüberretten. Diese Notwendigkeit mag in dem Imperativ Ausdruck finden, den Daniel Stern formulierte, als sie die Ausländer um sich herum so unwillig sah, Paris zu verlassen: „Bleibt wo Ihr nicht hingehört.“ Anders ausgedrückt: Nur das deutliche Bewußtsein, „fehl am Platze“ zu sein, gibt einem das Gefühl von Freiheit. Das ist, was Herzen im Exil fühlte, und keine Erinnerung an die Heimat, an Übereinstimmung und Ruhe war stark genug, um dieses Gefühl zu verdrängen, als die Rückkehr nach Rußland möglich gewesen wäre.

Es mag sein, daß ich Herzens Zungenschlag nicht ganz getroffen habe. Als Schriftsteller wußte er, daß bei der Beschreibung individueller Lebensgeschichten moralische „Punkte“ besser ungesagt bleiben. Sollte ich ihm insofern tatsächlich unrecht getan haben, dann geschah das, weil seine eigene Veränderung so bewundernswert erscheint: Er hat sich aus den Fesseln seiner Identität befreit, nicht durch Ablehnung oder Assimilation, sondern dadurch, daß er seine Heimatlosigkeit innerlich akzeptierte. Herzens Exil ist eine Wunde, die nicht verheilt, die aber aufhört, ihn zu zerstören.

Sowohl bei Sophokles als auch im christlichen „Mythos“ bleibt Heimatlosigkeit ein zutiefst zerstörerischer Zustand. Seine zweite Wunde bringt für Oedipus immer stärker werdenden Schmerz, sowohl physisch als auch psychisch, indem er versucht, Gegenwart und Vergangenheit in Einklang zu bringen. Jesu Mission ohne Heimat endet am Kreuz. Eine große Wunde also macht den Menschen frei – demgegenüber mag Herzens Entschlossenheit, in der Gegenwart zu leben gering erscheinen. Ich bin allerdings nicht dieser Ansicht. Denn es ist die auf diese Art heilende Wunde der Entwurzelung, was wir als „moderne“ Menschen in der modernen Kunst sehen.

Manets Spiegel

Eduard Manet malte die Stadt, war aber kein Realist im üblichen Sinn. Er versuchte nicht, wie etwa die Photographen seiner Zeit, das „ungeschminkte“ Leben in seinen Bildern einzufangen. Noch hat Manets bildhafte Beschreibung vieles gemeinsam mit den zornigen Portraits von Pariser Huren, verlassenen Kindern oder Familien, die sich von Ratten ernähren mußten, die Zola „malte“. Manet war in der Lage, jegliche direkte politische Aussage in seiner Kunst zu unterdrücken – beispielhaft zeigt das seine „Exekution des Kaisers Maximilian“, die er 1868 malte. Er erzielt seine Effekte auf andere Art und Weise.

Um das Leben um ihn herum zu beschreiben, machte sich Manet visuelle Eindrücke zunutze, die dem Auge störend erscheinen, die es von einem Objekt des Bildes zum anderen zwingen und die oft anzudeuten scheinen, daß die Handlung des Bildes an ganz anderer Stelle, außerhalb der Leinwand stattfindet. In seinen Bildern von Paris erweist sich Manet als Künstler des „displacement“, des Verschiebens, Verrückens. Und es ist gerade in diesem Verständnis von „displacement“, daß der Künstler uns sozial anspricht – heute wie zu seiner eigenen Zeit. Die Dualität von „Heimat“ und „Fremde“ fällt unter seinem Pinsel auseinander, da seine Bilder altbekannter Plätze zunehmend eigenartig, fremd werden.

Manet scharfes Auge für „displacement“ tritt vor allem in seinem großen Werk zutage, der „Bar in den Folies-Bergère“, die er im Winter 1881–82 malte. Das Bild hat eine interessante Vorgeschichte: 1879 hatte sich Manet beim Rat der Stadt Paris darum beworben, Wandgemälde für das neuerrichtete „Hôtel de Ville“ zu schaffen. Diese Gemälde sollten zeigen, welche Auswirkungen neue Konstruktionen – die Stahlbrücken, die aus Zement gegossenen Straßenrinnen, die Gebäude aus Gußeisen – auf das Leben der Stadt hatten; sie sollten das „moderne“ Paris wiedergeben. Manets Vorschlag wurde abgelehnt. Bezeichnend ist, daß das große Werk, das er daraufhin schuf, nicht etwa eine der für die Wandgemälde vorgesehenen Szenerien darstellt. Er wendet sich einem scheinbar sentimentaleren, ja sogar leicht kitschigen Thema zu: dem Folies-Bergère. Diese banale Szenerie versucht Manet nun mit all den Veränderungen zu durchdringen, die er in Paris verspürte – Veränderungen, die die Entwicklung einer neuen Sensibilität in Gang gesetzt hatten.

Das Folies-Bergère war zu Manets Zeiten kleiner als heute, weniger von Touristen als von Stammkunden aus dem Viertel besucht. Weibliche und männliche Prostituierte tummelten sich in der Menge, und der Can-Can, wie er im 19. Jahrhundert dargeboten wurde, war nicht zu vergleichen mit der heutigen, „hygienischen“ Version. (Der Tanz kam um 1830 in Paris auf. Die Tänzerinnen trugen in der Regel keine Unterwäsche unter ihren weiten kurzen Röcken, so daß bei jedem Hochwerfen der Beine ihre Venushügel sichtbar waren.) Das Folies-Bergère selbst war keineswegs ein Bordell, aber in der Nachbarschaft gab es einige davon; Frauen konnten deshalb jederzeit zu ihrem Vergnügen in das Etablissement gehen, was auch eine erstaunliche Anzahl erstaunlich respektabler Damen tat. Es war ein etwas zwielichtiger aber öffentlicher Treffpunkt, an dem sich eine lautstarke Menge zusammenfand, um zu trinken und zu flirten. Die Luft war dick von Zigarrenrauch, roch nach Kaffee und billigem Beaujolais. Die Pariser gingen ins Folies-Bergère, um sich zu amüsieren; es war gemütlich, ein Heim weit weg von den Zwängen der Familie – es hatte eine Aura von Urbanität, lieferte das Podium, auf dem sich Unterschiede darbieten konnten. Teilweise aus diesem Grund überkommt uns heute Nostalgie, wenn wir an das Paris des vorigen Jahrhunderts, an diese „richtige Stadt" denken.

Diese Szene nimmt Manet in seinem Gemälde „auseinander". Lassen Sie mich kurz nachvollziehen, wie er das tut, wie er mit seinem Pinsel ein System gesellschaftlicher Werte gleichsam demontiert. Wir sehen auf der Leinwand eine Frau hinter einer Bartheke. Sie ist gedankenverloren, traurig, ohne Lächeln – eine inmitten des Getöses um sie herum isolierte Gestalt. (Als Vorbild diente übrigens Suzon, eine Kellnerin, mit der Manet bekannt war.) Der Betrachter wird regelrecht in das Bild hineingezogen, und zwar durch die Spiegel an der Wand hinter der Theke; diese Spiegel sind so gemalt, daß sie ein besonderes Gefühl des „displacement", des Verschobenseins erwecken.

Die Barfrau steht vor einem dieser eigenartigen Spiegel und schaut uns direkt an. Auch die Spiegel hinter ihr sind dem Betrachter genau gegenüber angebracht. Manet verstärkt den Eindruck der absolut frontalen Gegenüberstellung sogar noch: Die Arme der Frau liegen lang ausgestreckt auf der Theke, ihre Hände zeigen nach außen (wie etwa ein Ballett-Tänzer in frontaler Stellung die Füße nach außen dreht). Unmittelbar rechts von dieser Gestalt sehen wir ihren Rücken im Spiegel. Die schwarze Fläche dieses Spiegelbildes hat genau die Körpergröße der Frau, das heißt, das Spiegelbild ist nicht perspektivisch verkleinert, sondern erscheint auf der gleichen dimensionalen Ebene wie der Körper.

Ich sage zwar „wir sehen ihren Rücken im Spiegel", aber optisch ist das eigentlich unmöglich – man kann nicht jemanden direkt in die Augen schauen und gleichzeitig rechts das Spiegelbild seines Rückens sehen. Heutzutage akzeptiert der Betrachter diesen Widerspruch; er erscheint ihm visuell logisch, wenn auch optisch unmöglich. 1882 allerdings sprach Charles de Feir vielen Zeitgenossen Manets aus der Seele, als er in seinem *Guide du Salon de Paris* dieses seltsame Spiegelbild als weiteres

Zeichen für die mangelhafte Technik des Malers anführte.[19]

Bei vielen von Manets späteren Werken wird das Gefühl des optisch Verschobenseins, des optischen „displacement", durch scheinbare Kleinigkeiten verstärkt, stimmt die Szene nicht mit der Realität überein. Bei der „Bar in den Folies-Bergère" ist es die Art, wie Manet zwei Gaslichter malt, die ebenfalls widergespiegelt werden. Er malt sie als weiße, absolut flächige Scheiben; diese Lampen werfen keine Schatten, es gibt keine Lichtbrechung oder Halbschatten, wie das normalerweise bei einer Lichtspiegelung der Fall ist. Noch sind die gemalten Scheiben plastisch dargestellt. Auch diese seltsamen Gaslichter wurden von den Zeitgenossen als „Fehler" angesehen. So bemerkte Jules Compte in *L'Illustration*, daß Manet wahrscheinlich einen Moment wählte, an dem die Lampen nicht richtig funktionierten, denn niemals zuvor habe man weniger blendendes Licht gesehen.[20]

Heute erkennen wir, daß diese beiden weißen Scheiben dem gleichen Zweck dienen sollen wie der nach rechts verschobene schwarzgekleidete Rücken der Barfrau. Sie zwingen unseren Blick auf den einzigen, wesentlichen Punkt im Bild, der uns ein Gefühl von Tiefe vermittelt. In der oberen rechten Ecke des Spiegels sehen wir den Mann, den die Barfrau ansieht, und der ihr eindringlich in die Augen schaut. Aber: so wie der Rücken der Frau unmöglich unmittelbar rechts von ihrem Körper im Spiegel erscheinen kann, so ist auch dieser Mann mit dem Zylinder – auf dessen fragenden Blick sie mit soviel Trauer in den Augen antwortet – eine optische Unmöglichkeit. Wir könnten nicht an ihm vorbei Suzon voll ansehen, die selbst geradeaus schaut. Das Bild ist so komponiert, daß der Betrachter, das heißt *wir*, ihr direkt in die Augen sehen. Aber weder Sie noch ich gleichen diesem Mann, dessen Gesicht im Spiegel erscheint. Das Drama in Manets Bild heißt also: ich blicke in einen Spiegel und sehe eine andere Person.

Dieser Aspekt des Bildes sprach Manets Zeitgenossen an. Für manche bot die Ungereimtheit Anlaß zu Witzen – so erschien zum Beispiel im *Journal Amusant* vom 27. Mai 1882 ein Holzschnitt, auf dem der Mann im Spiegel direkt vor der Frau steht und damit den Blick auf sie versperrt – aber die meisten Kritiker reagierten ärgerlich auf die Fragen, die das Bild aufwirft: „Ist dieses Bild realistisch? Nein. Ist es schön? Nein. Ist es anziehend? Nein. Was ist es dann?“[21] Ihr Unbehagen rührte wohl vor allem von der Geschichte her, die uns das Bild erzählt: Ein Mann macht einem Barmädchen einen Antrag – sie schaut ihn nur mit unendlicher Traurigkeit an.

Edgar Degas' „L'Absinthe“ zeigt ebenfalls eine einsame junge Frau in wenig sittenstrenger Umgebung. Während dieses 1876 entstandene Gemälde aber eine Art bildlicher Moralpredigt ist, verhindert die optische Ungereimtheit in Manets Bild jegliches Moralisieren. Eher erheben sich Fragen über den Sinn dessen, was gezeigt wird: die Betrachter, das heißt Männer und Frauen, die in ihrer jeweiligen Mode gekleidet, in ihrer Zeit und an ihren Orten vor dem Bild stehen, sind untrennbar mit der Geschichte verbunden, die das Bild erzählt. Der Spiegel zeigt uns ein anderes Abbild unseres Ich als wir es gern sehen möchten. Auch die verschiedenen Gegenstände auf dem Bartresen erhalten eine Art Leben. Die Flaschen auf der Theke sind, anders als die abstrakten Licht-Scheiben, räumlich gemalt, erscheinen als Körper. Aber: obgleich der Spiegel den ganzen Hintergrund des Bildes einnimmt, so daß sich *alles* darin widerspiegeln sollte, sehen wir in ihm nur zwei der vielen Dinge, die davorstehen. Diese optischen Täuschungen: Flaschen, Blumen, Früchte scheinen die solidesten Dinge überhaupt zu sein, die das Bild enthält.

So also funktioniert „displacement“ in Manets „Bar in den Folies-Bergère“. Es werden Werte geschaffen: Der Betrachter erhält einen reflektiven Wert, indem er zu einem Teil des von ihm betrachteten Bildes wird, und die im Bild gezeigte Umgebung erhält dadurch Wert, daß sie wie in einem Zerrspiegel verändert wiedergegeben wird. Auf der anderen Seite haben die Gegenstände, die von dieser Verschiebung ausgenommen sind, eine nur illusorische Körperlichkeit. Wäre Manet philosophisch veranlagt gewesen – was er sicher niemals für sich in Anspruch genommen hätte –, so hätte er den eigentlichen Sinn seines Bildes vielleicht so erklärt: Die Solidität von Gegenständen, die an ihrem Platz bleiben, wie auch die von Menschen, die nie entwurzelt wurden, ist möglicherweise nur eine große Illusion.

Wie Manet versuchte auch Herzen, Entwurzelung und Heimatlosigkeit nicht als Fehlentwicklung zu verstehen, sondern als etwas, in dessen Verlauf Werte entstehen. Insbesondere glaubte er, daß seine Trennung von Rußland ihm eine neue Art von Freiheit geschenkt hatte, nicht nur räumliche Freiheit, sondern eine ganz persönliche, innere Freiheit. Sowohl Manet als Herzen geben ein Versprechen, so etwas wie das Versprechen von Modernität: Werte entstehen aus Entwurzelung, aus räumlicher Veränderung, aus Bewegung.

Es können auch gerade die unerwarteten Entwicklungen wie das Verlassen der Heimat sein, die jemanden dazu befähigen, sich selbst und andere als konkrete, ureigene Persönlichkeiten zu erkennen, statt lediglich als kulturell geprägte Gruppe (cultural types). Das Bezugssystem wird nicht etwa zerstört – es wird durchlässig. Diese unerwartete Veränderung erlaubt es dem Fremden, im fremden Land zum Russen zu werden, macht ein Stück moderne Kunst „modern" im Sinn von zeitgemäß.

Anmerkungen

1 Sophocles, *Oedipus the King*, in der Übersetzung von David Greene (Chicago: University of Chicago Press, 1954), S. 55; Original, *Oedipus Tyraneus* (Cambridge, Mass.: Harvard University Press, Loeb Classical Library: 1030–1035).

2 *Oedipus the King*, S. 73; *Oedipus Tyraneus*, 1453.

3 Sophocles *Oedipus Coloneus* (Cambridge, Mass.: Leob Classical Library) 607–620.

4 Harvey Cox, *The Secular City*, rev. Edit. (New York: Macmillan, 1966) S. 49.

5 Ins Englische übersetzt und zitiert in Jaroslav Pelikan, *Jesus through the Centuries* (New Haven: Yale University Press, 1985) S. 49–50.

6 Augustine, *The City of God*, in der Übersetzung von Gerald G. Walsh, S. J., et al. (New York; Image, 1958), S. 325.

7 Isaiah Berlin, *Vico and Herder: Two Studies in the History of Ideas* (London: The Hogarth Press, 1976).

8 Berlin, *op. cit.*, S. 197–198.

9 Daniel Stern, *Oeuvres*, Band 6, S. 353.

10 ibid.

11 Herzen, *My Past and Thoughts*, III, S. 1024.

12 Herzen, *My Past and Thoughts*, III, S. 1025.

13 Herzen, *My Past and Thoughts*, III, S. 1025.

14 Herzen, *My Past and Thoughts*, III, S. 1399.

15 *ibid.*

16 Herzen, *My Past and Thoughts*, Band II, S. 686.

17 Herzen, *My Past and Thoughts*, S. 655: And now I sit in London where chance has flung me – and I stay here because I do not know what to make of myself. An alien race swarms confusedly about me, wrapped in the heavy breath of ocean, a world dissolving into chaos ... and that other land – washed by the dark blue sea under the canopy of a dark blue sky ... it is the one shining region left until the far side of the grave ... O Rome, how I love to return to your deceptions, how eargerly I run over day by day the time when I was intoxicated with you!

18 Herzen, *My Past and Thoughts*, III, S. 1065.

19 Charles de Feir, *Guide du Salon de Paris 1882* (Paris, 1882), S. 23.

20 Jules Compte, in Englisch übersetzt und zitiert von T.J. Clark, *The Painting of Modern Life*, S. 240: „Monsieur Manet has probably chosen a moment when the lamps were not working properly, for never have we seen light less dazzling ...“

21 Henri Houssaye, „Le Salon de 1882“, *L'Art français depuis dix ans* (Paris, 1883, S. 242); der Autor benutzte die Übersetzung von Clark: „Is this picture true? No. Is it beautiful? No. Is it attractive? No. But what is it, then?“ *op. cit.*, S. 243.

Aus technischen Gründen war es Richard Sennett nicht möglich, diese Übersetzung noch einmal selbst zu prüfen.

MEINHARD MIEGEL

Europas Verunsicherungen

Wenn ein Traum in Erfüllung geht, dann ist dies – neben allem Gewinn – immer auch ein Verlust, und sei es nur der Verlust des Traumes selbst. Das gilt auch für den Traum so vieler Europäer, in einem Kontinent zu leben, der nicht durch Mauern, Stacheldrahtverhaue und Minengürtel zerschnitten ist, in dem sie sich frei bewegen und ihre Ideen, Güter und Dienste ungehindert austauschen können.

Dieser Traum nähert sich seiner Erfüllung, und schon wachsen Ernüchterung, Enttäuschung und Verunsicherung. *So* hatten sich viele die Erfüllung ihres Traumes nicht vorgestellt. Im Traum war alles soviel einfacher, klarer und schöner, als die Wirklichkeit zu werden verspricht. Wieder einmal kann die Wirklichkeit den Maßstäben menschlicher Phantasie nicht standhalten.

Am enttäuschtesten sind wohl die Völker Mittel- und Osteuropas, denn sie träumten am hingebungsvollsten. Zwar hat sich für sie mehr zum besseren gewendet als für die meisten anderen Europäer, aber sie erlitten auch den größeren Verlust: Sie verloren ihren Glauben an ein irdisches Paradies, das sie stets im Westen gewähnt hatten – ein Paradies der materiellen Wohlhabenheit und Selbstverwirklichung, Menschenwürde und Freiheit. Dieses Paradies schien ihnen umso vollkommener zu sein, je unerreichbarer es war und je schwächer die Signale waren, die von ihm empfangen werden konnten.

Nunmehr, da es frei zugänglich ist, hat es viel von seinem Zauber verloren. Vielen Mittel- und Osteuropäern wird erst jetzt bewußt, daß auch das Leben im Westen seinen Preis hat. Und nicht wenige schrecken vor ihm zurück: vor der geradezu extremen Individualisierung und Extrovertierung der Menschen, den schwindelerregenden Veränderungsgeschwindigkeiten, dem strengen Zeit- und Kostendiktat, der geringen Solidarität und dem harten Wettbewerb.

Vor allem letzterer macht den Menschen Mittel- und Osteuropas schwer zu schaffen. Sie waren generationenlang von jeder Form effektiven Wettbewerbs freigestellt und hatten dies mehrheitlich geschätzt. Jetzt müssen sie zusehen, wie vieles von dem, was sie in ihrer weitgehend wettbewerbsfreien Gesellschaft an Strukturen und Institutionen geschaffen und liebgewonnen hatten, durch den Sturmwind jenes Wettbewerbs zum Einsturz gebracht wird.

Zu schaffen macht ihnen aber auch die aus ihrer Sicht geringe Solidarität des Westens, die aus der Sicht des Westens nur die logische Folge jenes Wettbewerbs ist. Irgendwie hatten sich die Mittel- und Osteuropäer vorgestellt, das hohe Maß an Solidarität, das sie selbst in ihren Familien, Freundeskreisen und Nachbarschaftsverbänden pflegten, werde sich nach dem Zerbersten des Eisernen Vorhangs zwischen ihnen und dem Westen fortsetzen.

Davon kann jedoch keine Rede sein. Was der Westen, Deutschland vielleicht einmal ausgenommen, dem Osten angedeihen läßt, geht über gute Wünsche und Ratschläge nur mäßig hinaus. Die Westeuropäer stellen den Osteuropäern nicht viel mehr zur Verfügung als sie bisher Entwicklungsländern zur Verfügung stellten: höchstens 0,5 v.H. ihres Bruttosozialprodukts. Das muß reichen. Für die mittel- und osteuropäischen Gesellschaften ist es ein Schock, daß die westeuropäischen Gesellschaften ihrem Wesen nach Gesellschaften von Einzelkämpfern sind.

Alles das wäre für den Osten erträglicher, wenn die Ordnung des Westens, Demokratie und Marktwirtschaft, wirklich dieser Wundertrank wäre, für den ihn nicht nur viele Ost-, sondern auch Westeuropäer jahrzehntelang hielten. Wenige Schlucke, so eine verbreitete Auffassung, sollten genügen, um ungeheure Energien freizusetzen, die binnen kurzem karges Land in blühende Landschaften verwandeln konnten.

Die Wirklichkeit sieht anders aus. Demokratie und Marktwirtschaft sind, wie alle Erfahrung zeigt, zweifellos nützliche, wahrscheinlich sogar notwendige Bedingungen für die dynamische Entwicklung einer Gesellschaft und die Schaffung materieller Wohlhabenheit. Hinreichende Bedingung sind sie jedoch offenbar nicht. Die Vorstellung, aus der Beseitigung von Staatsdiktatur und zentraler Planwirtschaft und der Einführung von Demokratie und Marktwirtschaft folge mit einer gewissen Zwangsläufigkeit Freiheit und Wohlstand, erweist sich zunehmend als irrig.

Das ist auch für den Westen eine neue Erfahrung. Stets hatte er seine wirtschaftliche und politische Ordnung als universal tauglich und auch sonst unfehlbar angesehen. Jetzt muß er feststellen, daß es mit dieser Universalität und Unfehlbarkeit nicht so weit her ist. Und langsam gewinnt die Einsicht Raum, daß diese Ordnungen nur Ausdrucksformen einer bestimmten Kultur sind, ohne die sie sich selbst nicht entwickeln und auch anderes nicht zur Entwicklung bringen können.

Damit ist absehbar, daß diese Ordnungen spätestens dann fundamentaler Kritik unterzogen werden dürften, wenn Erfolge in Mittel- und Osteuropa längere Zeit auf sich warten ließen oder möglicherweise bescheiden blieben. Beides ist nicht auszuschließen. Unüberhörbar wird im Osten bereits gefragt, ob das alte Regime vielleicht doch nicht so schlecht gewesen sei, und die Hoffnungen, die in Demokratie und Marktwirtschaft gesetzt wurden, der Grundlage entbehrten?

Der Westen ist auf solche Fragen nicht vorbereitet. Bisher konnte er sich darauf verlassen, daß seine Ordnung sich stets vorteilhaft vom dunklen Hintergrund zentralistischer Planwirtschaften abhob. Der bloße Hinweis auf diese Alternative genügte zumeist, um die westliche Ordnung im hellen Licht erscheinen zu lassen. So einfach dürfte dies künftig nicht mehr sein. Der dunkle Hintergrund ist entfallen und wird schon bald in Vergessenheit geraten. Demokratie und Marktwirtschaft werden dann ungeschützt bohrenden Fragen ausgesetzt sein.

Dabei muß der Westen ein mögliches Scheitern seiner Rezepturen im Osten umso mehr fürchten, als dies für ihn keineswegs nur akademische, sondern sehr handgreifliche Folgen hätte. Zahlen, wonach 1991 3,5 Millionen Mittel- und Osteuropäer unbedingt und weitere 14 Millionen sehr wahrscheinlich oder doch wahrscheinlich, insgesamt also 17,5 Millionen Menschen in absehbarer Zeit nach Westeuropa – viele von ihnen nach Deutschland – auswandern wollen, erscheinen durchaus plausibel. Nur zwei Drittel der mittel- und osteuropäischen Bevölkerungen erklärten den gleichen Umfragen zufolge, daß sie keine Migrationsabsichten hätten.

Die Westeuropäer, allen voran die Deutschen, befinden sich damit in einer von Grund auf veränderten Lage. In der Vergangenheit wurde die vergleichsweise arme Bevölkerung Mittel- und Osteuropas von ihren eigenen Regierungen mit brutaler Gewalt daran gehindert, in den wohlhabenden Westen zu ziehen. Heute stellt sich ihnen niemand mehr in den Weg, was den Westen vor die Wahl stellt, entweder seinerseits wenigstens legislative Hürden aufzubauen, oder den Aufbau des Ostens um praktisch jeden Preis zum Erfolg werden zu lassen, oder die Zuwanderer, die nicht unbedingt qualifiziert und arbeitsmotiviert sein müssen, zu integrieren. Daß jede dieser Entscheidungen den Westen vor schwierigste Probleme stellt, liegt auf der Hand.

Sollte der erste Weg beschritten werden, würde der Westen seine ideellen Fundamente gefährlich aushöhlen. Eine Grenze quer durch Europa zum Schutze seiner materiellen Wohlhabenheit und ideologischen Integrität wäre eine dauerhafte psychische Belastung. Dennoch könnte diese Alternative noch am ehesten die Zustimmung von Bevölkerungsmehrheiten erlangen. Die Demokratie wäre auf eine harte Probe gestellt.

Sollte der zweite Weg beschritten werden, müßten alle EG- und EFTA-Staaten (unter Ausschluß von Deutschland, das sich um seinen eigenen Ostteil zu kümmern hätte) allein für die Staaten Mitteleuropas die gleichen Leistungen erbringen wie Westdeutschland für Ostdeutschland erbringt, das heißt auf viele Jahre hinaus etwa 5 v.H. ihrer Bruttosozialprodukte nach Osten transferieren. Sollten auch die GUS-Staaten in diesen Transfer einbezogen werden, wäre dieser Betrag noch einmal annähernd zu verdoppeln. Bisher gibt es nicht die geringsten Anzeichen dafür, daß die Westeuropäer zu solchen Anstrengungen bereit sind.

Bleibt der dritte Weg, die Integration von Millionen von Zuwanderern. Für einige Zeit ist er sicherlich gangbar. Doch früher oder später dürften immer größere Bevölkerungsteile gegen diese Ost-West-Wanderungen energischen Widerstand leisten, an dem sich demokratisch legitimierte Regierungen leicht wundreiben könnten. Als Königsweg kann deshalb auch dieser Weg kaum gelten.

Zwangslagen wie diese verdeutlichen die Herausforderungen, vor denen heute nicht nur die Mittel- und Ost-, sondern auch die Westeuropäer stehen. Zwar ist es möglich, daß – unter Kostengesichtspunkten – ein Teil der finanziellen Lasten, die durch die Öffnung Europas den Westeuropäern auferlegt werden, durch eine Art Friedensdividende gedeckt werden könnte. Daß eine solche Dividende, sollte sie überhaupt realisiert werden können, ausreicht, um das steile wirtschaftliche und soziale Gefälle zwischen West und Ost auszugleichen, ist jedoch äußerst unwahrscheinlich.

Die Westeuropäer werden sich deshalb daran gewöhnen müssen, daß die Zeiten, in denen das seit Beginn der Industrialisierung wirtschaftlich vorwiegend schwach entwickelte Mittel- und Osteuropa vom zumeist kräftig entwickelten Westeuropa hermetisch abgeriegelt war, vorerst vorüber sind. Auch wenn dies in den Ohren vieler zynisch klingen mag: rückblickend werden die Westeuropäer erkennen, daß sie sich im Schatten des Eisernen Vorhangs nicht schlecht entwickelt haben.

Im Gegenteil. Jahrzehntelang war dieser Kontinent wie durch ein Wehr getrennt. Im Westen stieg der Wohlstandspegel immer höher, im Osten veränderte er sich hingegen wenig. Nach einem knappen halben Jahrhundert der Trennung lag die Pegelmarke im Westen – gemessen am Pro-Kopf-Bruttosozialprodukt, vom Kapitalstock und privaten Vermögen ganz zu schweigen – rund viermal so hoch wie im Osten. Nun ist das Wehr aufgezogen und die Westeuropäer verspüren immer mächtiger den Sog, der an ihrem Wohlstand nagt und zerrt.

Wohl dürfte dieser Sog eines Tages auch wieder nachlassen. Doch dieser Tag ist fern. Denn wenn schon die Deutschen trotz erheblicher Anstrengungen mindestens eine Generation benötigen, um die Lebensbedingungen im Ost- und Westteil ihres Landes anzunähern (keineswegs anzugleichen), dann gibt dies eine Vorstellung davon, welche Zeiträume erforderlich sind, um unter ungleich ungünstigeren Voraussetzungen die Lebensbedingungen in Ost- und Westeuropa anzugleichen. Schon in der Europäischen Gemeinschaft war derartigen Bemühungen bislang nur mäßiger Erfolg beschieden. Um wieviel geringer dürften die Erfolgsaussichten mit Blick auf ganz Europa sein?

Während sich also die Westeuropäer daran gewöhnen müssen, daß im vereinten Europa die Mauern ihrer Wohlstandsbastionen geschliffen werden, müssen sich viele Mittel- und Osteuropäer mit dem Gedanken vertraut machen, daß sie noch lange, möglicherweise sogar dauerhaft, trotz eines offenen Europas erhebliche wirtschaftliche und soziale Benachteiligungen werden hinnehmen müssen. Noch erscheint dieser Gedanke schwer erträglich. Aber je länger die Überwindung wirtschaftlicher Unterschiede dauert, desto nachhaltiger dürfte sich deren Wahrnehmung ändern. Die Europäer dürften nämlich lernen, daß sich die große Vielfältigkeit ihres Kontinents nicht im Folkloristischen erschöpft, sondern tief in der Substanz der europäischen Völker verankert ist. Das gilt auch für deren wirtschaftlichen und sozialen Befund.

Wenn erst einmal der Schutt zentralistischer Planwirtschaften beiseite geräumt sein wird und die Völker Mittel- und Osteuropas Gelegenheit hatten, ihr Leben nach eigenen Vorstellungen zu gestalten, dürfte sich zeigen, daß nicht alle den Primat des Ökonomischen in gleicher Weise verinnerlicht haben wie die Völker des Westens. Dann dürfte sich zeigen, daß nicht nur Individuen, sondern auch ganze Regionen und Völker ihre Prioritäten unterschiedlich setzen. So wie der eine Mensch in beruflichem Erfolg und der Bildung eines stattlichen Vermögens einen Gutteil seines Lebenssinnes sieht und ein anderer in einem intakten Familienverband und lebendigen mitmenschlichen Beziehungen, so spricht vieles dafür, daß auch Regionen und Völker zu recht unterschiedlichen Graden zum Beispiel nach Wirtschaftswachstum und Bruttosozialprodukt streben.

Die Völker Mittel-, vor allem aber Osteuropas, haben in ihrer langen Geschichte immer wieder zu erkennen gegeben, daß sie zwar mit den übrigen Europäern eine Fülle kultureller, gerade auch wirtschaftskultureller Gemeinsamkeiten teilen, zugleich aber auch ihre sehr spezifischen Wertvorstellungen haben. Diese Vorstellungen dürften in der vom Westen ganz unterschiedlichen Geographie Osteuropas wurzeln, in dessen geschichtlichen Erfahrungen, konfessioneller Orientierung, philosophischen Einflüssen und zahlreichen weiteren Faktoren, die insgesamt ein Menschen- und Gesellschaftsverständnis begünstigt zu haben scheinen, in dem – plakativ verkürzt und frei nach Erich Fromm – „Seinswerte“ etwas stärker betont werden als „Habenswerte“.

Sollte das wirklich so sein, dann allerdings wären wirtschaftliche und soziale Unterschiede in Europa – sofern diese Ausdruck eines verschiedenartigen Lebensverständnisses und nicht nur die Folge unterschiedlich effizienter Wirtschaftssysteme sind – kein zu überwindendes Ärgernis mehr, sondern eine Chance, die es zu nutzen gilt. Denn die Völker des Westens bewegen sich mit ihren vorwiegend ökonomisch determinierten Weltsichten inzwischen auf so schmalem Grad, daß sie jederzeit abstürzen können. Ihren Maximen fehlt nicht nur die Verallgemeinerungsfähigkeit, sie sind auch nur bedingt zukunftsfähig.

Europa dürfte damit nicht nur in eine veränderte physische, sondern vor allem psychische Phase eintreten. Physisch wird Westeuropa von seinem materiellen Wohlstand abgeben und Osteuropa erfahren müssen, daß dadurch das bestehende wirtschaftliche und soziale Gefälle allenfalls geringfügig gemildert, nicht aber beseitigt werden kann. Physisch werden sich die Westeuropäer darauf einzurichten haben, daß Millionen von Mittel- und Osteuropäern zu ihnen kommen, und Osteuropa muß erkennen, daß solche Migrationen Probleme nicht lösen, sondern eher verschlimmern.

Ungleich bedeutsamer als diese europaweiten Bewegungen von Kapital, Gütern und Menschen dürfte jedoch zumindest mittelfristig die Veränderung der europäischen Psyche sein. Dabei sollte der Westen keinesfalls glauben, der Osten öffne sich einseitig westlichen Werten und Prioritäten. Dafür sind diese zu verschlissen. Vielmehr dürften je länger, je stärker auch östliche Werte und Prioritäten im Westen Einfluß gewinnen. So könnte die kritische Distanz zu Rationalismus, Pragmatismus und Ökonomismus, die heute erst keimhaft im Westen angelegt ist, durch die Öffnung Europas kräftig zunehmen. Ob hieraus eine neue Synthese europäischen Denkens und europäischer Sichtweisen erwachsen wird, bleibt abzuwarten. Mit Sicherheit wird sich jedoch das europäische Bewußtsein in *ganz* Europa, im Osten wie im Westen, verändern.

Diese Veränderung könnte umso schneller eintreten, als infolge der Öffnung des Eisernen Vorhangs die USA ihren prägenden Einfluß auf Westeuropa rasch einbüßen dürften. Dies mag, abhängig vom politischen Standort, bedauert oder begrüßt werden. Am Ergebnis ändert es nichts: In einem freien und friedlichen Europa – vorausgesetzt Europa wird frei und friedlich – werden die USA auch nicht mehr annähernd die Rolle spielen, die sie bislang spielten.

Damit steht nicht nur Europa, sondern auch die nordatlantische Gemeinschaft und mit ihr die gesamte westliche Welt zur Neuordnung an. Geschichte wiederholt sich nicht. Aber in nicht zu ferner Zukunft könnten die Westeuropäer etwas ähnliches erleben wie derzeit die Mittel- und Osteuropäer: das Ende der ihnen vertrauten Ordnung. Auch wenn dieses Ende weniger abrupt, weniger dramatisch und zweifellos weniger befreiend sein dürfte – es dürfte dennoch ein Ende mit allen Konsequenzen sein.

Möglicherweise ist dies der Kitt, der die beiden Teile Europas fester aneinander binden wird als alle Kapital-, Güter- und Migrantenströme: das gemeinsame Erlebnis eines Neuanfangs. Im Osten liegt die Notwendigkeit eines solchen Neuanfangs offen zutage. Seine Ordnung ist krachend zusammengestürzt. Die Verhältnisse im Westen sind hiermit nur bedingt vergleichbar. Doch nur sehr schlichte Gemüter können meinen, nunmehr habe der Westen über den Osten gesiegt und damit werde Ruhe einkehren.

Durch den Zusammenbruch des real existierenden Sozialismus ist in Europa und weit darüber hinaus *alles* in Bewegung geraten: scheinbar festgefügte Besitzstände an Gütern und Ideen, gesellschaftliche Institutionen und Organisationen, individuelle und kollektive Lebenspläne, vor allem aber Menschen. Noch ist im Westen diese Bewegung weniger deutlich wahrzunehmen als im Osten. Aber das dürfte nur eine Frage der Zeit sein. Die Westeuropäer spüren das. Jedenfalls ist ihre Verunsicherung kaum geringer als die der Osteuropäer. Wohl selten in der Geschichte riefen alle Europäer gemeinsam so lautstark nach Orientierung, und wohl selten war das Echo hierauf so schwach wie heute.

Hermann Beland

Umwälzungen gebären alte Geister neu

Deutsche Erfahrungen, genauer gesagt, Erfahrungen, die in Berlin gemacht wurden, erlauben in zweifacher Hinsicht einen emotionalen Zugang zur Bedeutung der europäischen Umwälzungen. Die Aufhebung der Ost-West-Spaltung betraf die Bevölkerung der beiden deutschen Staaten besonders. Sie wurde noch direkter von der Bevölkerung der beiden Stadthälften Berlins erfahren. Beide deutschen Kollektiverfahrungen können zum Vergleich herangezogen werden, um die Wiederannäherung von Ost- und Westeuropa besser zu verstehen. Die nach 1945 bald verleugnete deutsche Nationalgeschichte ist seit der Aufhebung der Ost-West-Spaltung wieder zugänglicher geworden. Dasselbe scheint für die Bewußtmachung der gemeinsamen europäischen Tradition zu gelten.

Die zweite Hinsicht betrifft die besondere und direkte emotionale Zugänglichkeit des Spaltungseffektes auf die Psyche des Einzelnen. Auch in dieser Hinsicht wird man analog vom europäischen Berlin auf die Bevölkerungen in Europa blicken können. Ich möchte deshalb zwei Erlebnisse an den Anfang stellen, die ich für paradigmatisch halte, und aus denen ich entwickeln möchte, was psychoanalytisches Denken zur Analyse der Verunsicherung in Europa vielleicht beitragen kann. Es ist ein innersubjektives, ein selbstanalytisches Verfahren, das ich anwende. Aber „Subjektivität ist das uns heute einzig bekannte Mittel, um das Unbewußte überhaupt wahrzunehmen" (Erdheim und Nadig 1991, S. 190). Das erste Erlebnis betrifft mehr die Deutung eines Phänomens als das Erlebnis selbst. Immerhin enthielt das Erlebnis jene Elemente, die eine Deutung bestimmter Art verlangten.

1. Verleugnung von Geschichte durch die Spaltung der Subjekte der Geschichte

Es geschieht relativ selten, daß politische Ereignisse und ihre unbewußten Bedeutungen ihren Weg in die Assoziationen von Patienten und in die analytische Sitzung finden. Die massive Erregung über den Golfkrieg jedoch hatte vor den Behandlungszimmern der Analytiker nicht halt gemacht. Fast alle Patienten haben am Montag nach Kriegsbeginn von ihrer Reaktion gesprochen, was bei keinem anderen Ereignis, auch nicht nach Tschernobyl, der Fall gewesen ist. Wahrscheinlich tauchen immer dann hochaktuelle politische Stoffe in Analysen auf, wenn alle Beteiligten, Analytiker wie Patienten, wissen, daß sie gleichermaßen betroffen sind, weil etwas geschieht, das die Gesamtgruppe in der Tiefe angeht, und woran also alle Anteil haben, weil sie Mitglieder derselben Großgruppe sind.

Es ist an solchen Tagen besonders schwierig, die Konzentration auf die Übertragungsbedeutung der Einfälle aufrechtzuerhalten. Es ging vor allem um die Beteiligung an den Demonstrationen gegen den Krieg an den ersten Tagen der Woche, die sich beträchtlich von den (viel nachdenklicheren) Demonstrationen am Wochenende unterschied. Bei den ersten Demonstrationen in Berlin gingen ganze Schulen, Lehrer mit ihren Klassen auf die Straße – etwas, was es in der kurzen Demonstrationskultur in Berlin und in der Bundesrepublik noch nicht gegeben hatte. Zu Zehntausenden waren sich Eltern und Lehrer völlig einig mit ihren Kindern, mit den Jugendlichen und mit den Studenten. Der zehnjährige Sohn einer Patientin hatte gebeten, Handschuhe mitnehmen zu dürfen, weil er Angst davor hatte, auf dem Rückweg in jenen „atomaren Winter“ zu geraten, der durch die Ölrauchverfinsterung der vielleicht inzwischen, während der Demonstration, in Brand gesteckten Ölfelder eintreten würde. Er hatte im Zeitraffer alle Befürchtungen der Erwachsenen zusammengefaßt und seine Zugehörigkeit zum Kollektiv ausgedrückt. Deutschland lag im Irak. Das Kind hatte es erfaßt. Eine tiefsitzende *unbewußte* Angst beherrschte viele Deutsche und konnte sich unter dem Schutz der *bewußten* Kriegserinnerung und der bewußt pazifistischen Ablehnung jedes zukünftigen Krieges ausdrücken: als käme jetzt die Vergeltung der Völker der Welt für die deutschen Verbrechen während des Krieges. „Wir sind dieselben wie jene. Wir haben auch einen solchen Führer gehabt, der die Juden nicht nur umbringen wollte, sondern umgebracht hat. Wir fürchten die Vergeltung, die wir schon immer unbewußt erwarten. Wir wollen diesen Krieg nicht, er richtet sich gegen uns wie gegen die Bevölkerung des Irak."

Einen Augenblick war die Verleugnung der geschichtlichen Verantwortung gelockert, einen Augenblick wurde die paranoide Straferwartung deutlich, die den gegenwärtigen Stand der kollektiven Verarbeitung der eigenen Geschichte beschreibt.

Das zweite Erlebnis, das ich erwähnen möchte, war Teil des emotionalen Zustandes nach dem Zusammenbruch des DDR-Regimes, symbolisiert durch die Öffnung der Mauer. Ich möchte einfügen, daß die Mauer in Berlin zu einem Traumsymbol avanciert war, das nach der Erfahrung der Berliner Analytiker in anscheinend jedem Falle die psychische Abwehrgrenze gegen das Verdrängte, die aggressiv geladene Schranke zwischen dem Bewußten und dem Unbewußten vertrat. Ostberlin und die DDR symbolisierten das Unbewußte, die Mauer das Sperr- und Durchlaßsystem der Abwehrmechanismen. Der Zusammenbruch der Mauer konnte für einen historischen Moment zum Zusammenbruch eines Symbols werden. Aus Berichten erfuhr man, daß die Kranken in den psychiatrischen Krankenhäusern in Berlin, besonders diejenigen auf den geschlossenen Abteilungen, in den ersten Tagen nach der Öffnung der Mauer merklich beunruhigt waren. Viele dieser Kranken leiden unter einer Störung der Symbolfunktion, die dazu führt, daß das Symbol mit dem Symbolisierten als identisch erlebt wird, was dann zu konkretistischen Gleichsetzungen von Symbolisiertem und jenem Teil der äußeren Realität führen kann, das als Symbol verwendet wird. Im Falle des Mauersymbols scheint also die Berliner Mauer gleichbedeutend mit der inneren Abwehrschranke erlebt worden sein. Als jene zusammenbrach, drohte diesen Kranken die Überflutung durch unbewußte Inhalte, und sie mußten angesichts der Beseitigung dieses Symbols ihre Abwehr gegen die beunruhigende Angststeigerung erst wieder neu organisieren und stabilisieren.

Meine eigene Erfahrung nach der Beseitigung der Mauer ist nicht weit von der beschriebenen symbolischen Gleichsetzung entfernt. Sie bestand in der bisher nie so erinnerten Lebendigkeit der Atmosphäre des Kriegsendes. Auf einemmal war das Kriegsende emotional gegenwärtig. Die Frische der Erinnerung war verbunden mit der bedrückenden Bewußtheit der Zugehörigkeit zu dem Wahnsinn des deutschen Welteroberungskrieges, vor allem mit der bedrückenden Bewußtheit meiner Zugehörigkeit zu dem Völkermord an den europäischen Juden. Es war eine sehr lebendige Gegenwart der Gesamtstimmung des Jungen, der ich damals war, verbunden jetzt mit der unaufhebbaren Bedeutungsschwere der deutschen Abgründe und Schuld, als würde ich das Kriegsende zum ersten Mal erleben. Und in einem tieferen Sinne war genau dies der Inhalt der Erfahrung.

2. Die emotionale Verleugnung des deutschen Nationalgefühls

Dieses Erlebnis bestätigt mir die Richtigkeit des von Karola Brede und Alfred Krovoza (1992) beschriebenen weltweiten Spaltungseffektes des Ost-West-Konflikts auf das kollektive Geschichtsbewußtsein. Der Zusammenbruch der Mauer, die Aufhebung der deutschen Spaltung beseitigte oder schwächte für eine kurze Zeit die kollektive Abwehr des deutschen Nationalgefühls. Als Emotion enthält es wie jedes Nationalgefühl die Reaktion auf das Wissen des historischen Zusammenhangs mit früheren Generationen und die Reaktion auf die Kenntnis der Bedeutung entscheidender Taten des eigenen Staates und seiner Bevölkerung. Im deutschen Falle schließt diese Kenntnis das Urteil ein, zu einem Volk zu gehören, dessen Führung und dessen Menschen Unmenschlichkeiten von einer solchen Dimension begangen haben, daß dieses Volk nachträglich nach eigenem Urteil und in dem Urteil der Völker der Erde während der Massenermordungen seine Menschlichkeit verloren hat. Im deutschen Falle schließt diese Kenntnis weiter ein das Bewußtsein, daß die Trauer über die unwiederbringliche Kostbarkeit der Getöteten, die ein unersetzlicher Reichtum Deutschlands und Europas waren, bisher nicht eingetreten ist. Das gelähmte Nationalgefühl bedauert vielleicht die psychische Tatsache der Trauerabwehr, von der niemand weiß, wie sie geändert werden kann. Ich bin weit von jeder Neigung entfernt, so zu tun, als könnte hier einfach alles anders sein, als es ist. Ich bin mir auch bewußt, daß es als problematisch und unpassend angesehen werden kann, von diesen Tatsachen, die schwerer wiegen als alle anderen, über die wir im Zusammenhang der gegenwärtigen europäischen Verunsicherung diskutieren, überhaupt zu sprechen. Man kann nicht richtig darüber sprechen, und man kann nicht richtig davon schweigen. Man muß hier jedoch darüber sprechen, weil der Umgang der Deutschen mit ihrer eigenen Geschichte ein Faktor von immenser politischer Bedeutung für Europa ist. Die Unsicherheit dieses Volkes über seine zukünftige Trauer, über sein Bedauern, über seine emotionale Wiedergutmachung, und darüber, ob sie Ereignis werden wird oder nicht, ist m. E. ein außerordentlich wichtiger Teil der gesamteuropäischen Verunsicherung. Die kollektive Reaktion zu Beginn des Golfkrieges, deren Bedeutung in der Idee des Jungen zum Ausdruck kam, daß der Krieg Deutschland erfaßt, kann als Symbol der unbewußten Aktivität des verleugneten emotionalen Wissens in unserem Kollektiv gelten.

Einen Augenblick nach dem Zusammenbruch der Mauer war jene Spaltungswirkung aufgehoben, die durch die Ost-West-Spaltung kollektiv betrieben wurde. Sie hatte im deutschen Falle einen Abwehrprozeß unterstützt, den die Psychoanalyse emotionale Verleugnung nennt; sie war teilweise und vorübergehend aufgehoben. Emotionale Verleugnungen spielen im Leben der Völker und ihrer großen Bündnissysteme eine außerordentliche Rolle. Ohne sie ist das protestlose Weiterleben angesichts der atomaren Bedrohung, die nach wie vor nicht beseitigt ist, nicht zu erklären, ohne sie ist nicht erklärbar, wieso Regierungen, politische Parteien, Industrie- und Handelskammern, Konzernspitzen und die aufgeklärte Gesamtbevölkerung der Erde die gegenwärtige ökologische Bedrohung geringschätzen. Bei emotionaler Verleugnung werden zwar die Tatsachen gesehen und soweit anerkannt, aber ihre zukunftsentscheidende Bedeutung wird auf Null reduziert, und die emotionale Reaktion, die auf sofortiges Handeln drängen würde, wird unmöglich gemacht. Das geschieht durch eine unbewußte, übermächtige, gewalttätige Phantasie, mit der die Person sich selbst gegenüber unbewußt durchsetzt, was die Phantasie behauptet: daß jenes Ereignis oder diese Tatsache bedeutungslos ist. Dieser Mechanismus wird bei sehr (oder zu) intensiven Gefühlsverhältnissen eingesetzt, bei zu großer Angst oder zu großem Schmerz. Ist etwas bedeutungslos, dann kann man nicht mehr entsetzt, bestürzt, verzweifelt, schmerzgepeinigt oder in Panik sein, man kann nichts mehr fühlen, – aber auch nicht mehr realistisch reagieren und handeln.

Ich habe die Erinnerungsfrische des Kriegsendes nach dem Zusammenbruch der Mauer als ein Hoffnungszeichen für mich und für viele genommen, weil ich annahm, daß es sehr vielen Menschen so gegangen sein könnte wie mir. Die Spaltung der Stadt und des Landes, ja Europas und in gewisser Weise der Welt war aufgehoben, und die individuelle psychische Spaltung, die ihr psychologisch entsprach und die Verleugnung der Emotion, die eine bedeutungsleere und emotionslose Erinnerung der gesamtdeutschen Nachkriegszeit bewirkt hatte, war ebenfalls aufgehoben. Jedenfalls für eine kurze Zeit war es so. Bedeutete das soviel, daß kollektiv eine Trauererleichterung eingetreten war? Der weitere Gang der äußeren und inneren Ereignisse beweist anscheinend, daß die inneren Abwehren schnell wieder neu organisiert wurden.

Wir wissen, daß nur Einzelne trauern können, aber diese Nation wartet auf eine zukünftige Zeit, in der Millionen Einzelne dies tun werden. Bis dahin ist es ausgeschlossen, daß die Deutschen ein Nationalgefühl entwickeln, wie sie es noch während der Weimarer Republik haben konnten, als es dem der anderen europäischen Völker vergleichbar war. Seit dem Kriegsende wehren die Deutschen die historisch zutreffende Emotion ab und müssen sich deshalb mit einem kollektiven Begriff des Weiterlebens begnügen, der sich in der Diagnose niederschlägt, vor allem eine Wirtschaftsnation zu sein. Sie können sich auch nicht anders fühlen.

Werner Bohleber hat jenen deutschen Defektnationalismus klinisch und theoretisch beschrieben, der sich *über* der gegenwärtig noch herrschenden emotionalen Verleugnung der deutschen Vergangenheit bilden kann. Er besteht in einem illusionären Verschmelzungsgefühl mit einem idealisierten Großkörper ‚Deutschland', eigentlich einem abgespaltenen Aspekt der frühen Mutterimago, deren narzißtische Idealität die eigene Verletztheit und Kastration zum Verschwinden bringt, weil man selbst in dem Größengefühl der Identifizierung verschwindet. „Das Gefährliche des Nationalismus für die Individuen in Deutschland besteht in der inneren Verbindung von narzißtisch omnipotenter Selbsterweiterung durch Verschmelzungphantasien und Gewalt" (1990, S. 17).

3. Vermutungen über einige psychische Auswirkungen des Systemzusammenbruchs in Osteuropa – Die Hoffnung der neuen Nationalismen

Der Zusammenbruch der staatssozialistischen Regimes in Mittel- und Osteuropa und die Aufhebung der ideologischen und ökonomischen Gegensätze zwischen den beiden Bündnisblöcken und Wirtschaftssystemen wird gesamteuropäisch in analoger Weise wie in Berlin und in Deutschland gewirkt haben: Es half, ein historisches Bewußtsein zurückzugewinnen, das sich auf die je nationale Geschichte wie auf die gemeinsamen europäischen Traditionen bezieht. Die Beseitigung der Feindgrenze zwischen den Systemen wirkte gesamteuropäisch. In Osteuropa scheint die Staatsideologie zusammen mit der Ost-West-

Spaltung die gemeinsamen europäischen wie die nationalen historischen Erinnerungen teilweise inaktiv gehalten zu haben. Letztere selektiv verworfenen Erinnerungen enthielten, wie die Westeuropäer jetzt erfahren, nationale Konfliktspannungen in Form von unverarbeiteten Schuld- und Haßgefühlen gegenüber Nachbarvölkern, sowie kollektive Handlungszwänge, die durch politische Vernunft und durch die Angst vor Selbstzerstörung und Tod schwer oder gar nicht beherrscht werden können und sich als Nationalismen durchsetzen, die sich wie unaufhaltsame Naturprozesse gebärden.

Der stärkste sozialpsychologische Effekt der aufgehobenen europäischen Spaltung äußert sich jedoch nach meinen Eindrücken emotional als allgemeine Angststimmung mit resignativer Tendenz, in die alles ein- und zusammenfließt, was dieser riesige Zusammenbruch der sozialistischen Blockstaaten hinterlassen hat:

- eine Steigerung der Alltagsangst, die statistisch nicht durch einen Anstieg von Gewaltkriminalität begründbar ist, wohl aber durch den Stabilisierungsverlust, den die Beendigung der Ost-Westspaltung als globale Orientierungssicherheit bedeutete;
- ein allgemeiner Hoffnungsverlust durch die durchgehende Korruption der sozialistischen Ideale;
- die Ausbreitung von Zynismus und Mißtrauen gegenüber jeder politischen Führung, weil sich keine Abkehr von der deformierenden Idealisierung der politischen Lüge erkennen läßt;
- die Beschämung wegen der Gutgläubigkeit gegenüber jenem Rest an Propagandalügen, denen man aufgesessen ist;
- eine tiefe Resignation angesichts der materiellen Wertzerstörung, angesichts der enormen nicht geahnten öffentlichen Armut, angesichts der begrenzten Kräfte und Ressourcen und angesichts des Verlustes lohnender Ziele.

Diese Revolution war eine Befreiung ohne revolutionäres Bewußtsein, das den Wiederaufbau besonders motivieren könnte. Die vierzigjährige bzw. sechzigjährige Ideologieerziehung über die Inhumanität des Kapitalismus enthielt soviel Realismus, daß die erlittene Korruption auch für die neuen Ideale Demokratie, liberale Wirtschaft, Westintegration Geltung erhält.

Lediglich die Nationalgefühle scheinen eine Ausnahme in der durchgehenden kollektiven Fatalität des Rückblicks und der Fatalität der Zukunftserwartung zu bilden. Das ist für die national nicht mehr begeisterbaren Deutschen, denen aus dem eigenen Nationalismus der SS-Totenkopf entgegenblickt, nicht mehr leicht nachvollziehbar. Aber das individuelle Freiheitsbegehren hat sein Pendant in der Eigenstaatlichkeit eines Kollektivs, das durch Geschichte und Sprache individualisiert und identitätsgeprägt ist. Nationalgefühle und die leidenschaftlich ergriffene Nationalstaatlichkeit konnten in der Geschichte, wie es scheint, immer dann eine Vitalitätssteigerung ihrer Bevölkerung hervorrufen, wenn die kollektive Selbständigkeit als Freiheit gegen unterdrückende Gewaltherrschaften errungen wurde, und genau diese Vitalitätssteigerung scheint die Hoffnung der neuen Nationalstaaten zu sein.

Es sieht so aus, als ob in der europäischen Matrix der sich in der Geschichte herausbildenden Sprach- und Schicksalsgemeinschaften ein Individuierungsprinzip herrschen würde, das den Durchgang jedes Kollektivs durch seinen eigenen Nationalismus erzwingt. Es ist nicht wirklich bekannt, welche Bedeutung, welche Kraft diese kollektiven Prozesse erzwingt. Man wird die Antwort auch in diesem Falle in den religiösen Grundmaximen der europäischen Völker suchen müssen und finden. Vielleicht ist die enorme Steigerung des positiven Narzißmus, der im Begriff der Gotteskindschaft enthalten ist, verantwortlich für die sprengende und integrierende Kraft des europäischen Individualismus und Nationalismus. Freud bezeichnete in *Das Unbehagen in der Kultur (1930)* den Kulturprozeß als einen Prozeß im Dienste des Eros, „der vereinzelte Individuen, später Familien, dann Stämme, Völker und Nationen zu einer großen Einheit, der Menschheit zusammenfassen wolle. Warum das geschehe, wissen wir nicht, das sei eben das Werk des Eros: Die Menschenmengen sollen libidinös aneinander gebunden werden; die Notwendigkeit allein, die Vorteile der Arbeitsgemeinschaft werden sie nicht zusammenhalten. Diesem Programm der Kultur widersetzt sich aber der natürliche Aggressionstrieb des Menschen, die Feindseligkeit eines gegen alle, aller gegen einen." (a.a.O., 481)

4. Der europäische Konflikt der Nationalismen

Zu den alten Geistern, die diese Umwälzung neu gebiert, gehören die neuen Nationalismen zweifellos. Der europäische Konflikt hinsichtlich der Nationalismen besteht in dem politischen Kampf *für* die Überordnung der Menschenrechte über den Nationalismus oder *gegen* deren Überordnung. Der nationalistische Extremfall, das Dritte Reich der Deutschen, gibt die moralische Essenz der politischen Motivation aktiv destruktiver Nationalismen preis. *Es ist der Versuch der Vernichtung des Humanen als Vernichtung von Schuldfähigkeit.* (Diese Definition ist das Ergebnis eines Vergleichs psychoanalytischer Antisemitismustheorien, vgl. Beland 1992). Gerade auch in diesem Sinne ist das Dritte Reich der Deutschen ein europäischer Fall, weil sich das zentrale politische Motiv, die Vernichtung des Humanen als Schuldfähigkeit, allein in Europa und nur gegen die Überich-Tradition der europäischen Völker bilden konnte.

Psychoanalytisch gesprochen und positiv formuliert kann man Schuldtoleranz, das Wesen der depressiven Position, als die zentrale europäische Utopie benennen. Die ursprüngliche Fassung dieser Utopie dürften die Seligpreisungen der Bergpredigt sein, die ein Menschenbild von außerordentlicher Anziehungskraft formulierten. Insofern dieses Bild in der europäischen Geschichte immer wieder neu begriffen und als realisierbare Utopie angesehen wurde, hat es eine unerhörte Sprengkraft gegen bestehende Establishments, Wirtschaftsformen und politische Organisationsformen bewiesen und unerwartete Entwicklungen und katastrophische Paradigmenwechsel in Wissenschaft und Rechtswesen herbeigeführt. Als realisierbar geglaubte Utopie ist Schuldtoleranz das europäische Strukturprinzip, das alle einzelnen Elemente des Gesamtsystems durchdringt, beherrscht und verbindet. Die Ermöglichung der Entwicklung des Einzelnen zur Schuldtoleranz kann als geschichtliche Ratio der europäischen politischen Entwicklungen und der politischen und kulturellen Einrichtungen angesehen werden. Nationalismen, die diesem Prinzip in Verfassung und politischer Realität untergeordnet sind, stehen in der humanistischen europäischen Tradition. Derartige Nationalgefühle sind dann gezähmte Arbeitsdynamismen zur Bewältigung historischer Aufgaben, in der die Begabungen jenes Volkes gebraucht werden.

Der Idealfall Holland steht hier als europäisches Modell der selbstbefreiten Völker und ihres Nationalismus. Der hundertjährige Freiheits- und Unabhängigkeitskampf dieser zahlenmäßig kleinen Bevölkerung war begleitet von einer unglaublichen Begabungsexplosion, die das kleine Land zur kulturellen, wirtschaftlichen und politischen Weltmacht machte. Wenn die neuen Nationalstaaten und Nationalismen in Osteuropa sich in demselben Maße von der europäischen Humanitätstradition bestimmen (und nichtbestimmen) ließen, wie die westeuropäischen Nationalstaaten, könnte der neue kollektive Selbstbehauptungswille sehr wohl die übernommenen demokratischen, rechtsstaatlichen Organisationsformen und eine mehr oder weniger soziale Marktwirtschaft positiv mit Energie füllen und vorantragen.

Statt von Schuldgefühlstoleranz als europäischer Utopie, deren Vorherrschaft in einem Volk mit der Überordnung der Menschenrechte über den Nationalismus synonym ist, könnte man entwicklungspsychologisch-psychoanalytisch ebensogut sprechen von der Entwicklung der Fähigkeit mitzufühlen, von der Verantwortungsfähigkeit, von der Entwicklung des historischen Bewußtseins, von der Symbolisierungsfunktion sowie von der Toleranz, den Ambivalenzkonflikt auszuhalten und den Wiedergutmachungsbedürfnissen zu dienen. Alle aufgeführten Fähigkeiten beschreiben sowohl essentielle Elemente gelebter Humanität wie entwicklungspsychologische Erwerbungen, die an günstige Familienbedingungen geknüpft sind. Sie werden in der psychoanalytischen Entwicklungspsychologie der englischen Schule als Elemente der depressiven Position benannt, die auf derselben Ebene psychischen Funktionierens zusammengehören und miteinander in Wechselwirkung stehen. Man hat Gründe anzunehmen, daß das in einer fördernden Familie sich entwickelnde Baby im Alter von 1/4 – 3/4 Jahr diese psychische Funktionsebene grundsätzlich erreicht hat – um sie von da an das ganze Leben hindurch täglich wieder verlieren zu können und wiedergewinnen zu müssen. In dieser frühen Zeit sind Mitgefühl, Verantwortung, Kontinuitätsgefühl der eigenen Geschichte, Symbolisierung, Ambivalenztoleranz, Wiedergutmachung erworben (vgl. Th. Ogden, 1986, S. 79ff.).

Der Grund, weshalb die Schuldgefühlstoleranz verdient, in das Zentrum der Entwicklungspsychologie wie der Politik gerückt zu werden, liegt in der Erfahrung, daß kein realistischer Schmerz so schwer erträglich ist wie der Schuldschmerz. Zur Vermeidung dieses Schmerzes vor allem werden individuell wie kollektiv die Abwehrmechanismen der Spaltung, der emotionalen Verleugnung und der negativen Projektion eingesetzt und alle Arten von irrationaler Wirklichkeitsverzerrung und von privater wie kollektiver Destruktivität in Kauf genommen.

Nach Freuds Überzeugung ist die unvermeidliche Entwicklung von Schuldgefühl das entscheidende Menschheitsproblem. Es entsteht aus dem Ambivalenzkonflikt, aus dem Leiden unter dem eigenen Haß auf die geliebte Person. „Das erste und bedeutsamste Verbot des erwachsenen Gewissens [in der Menschheitsentwicklung] lautete: *Du sollst nicht töten*. Es war als Reaktion gegen die hinter der Trauer versteckte Haßbefriedigung am geliebten Toten gewonnen worden und wurde allmählich auf den ungeliebten Fremden und endlich auch auf den Feind ausgedehnt." (S. Freud 1915, GW X, S. 349)

5. Die Projektion des Verdrängten in der Politik – contained

Die gegenwärtigen Grausamkeiten und Verwüstungen des Nationalitätenkrieges in Jugoslawien mit seinen „ethnischen Reinigungen“ zeigen in der Folge der internationalen Destabilisierung die Übermacht destruktiv nationalistischer Leidenschaften, paranoider Führerschaft und die kollektive Vorherrschaft paranoider Haltungen. Nach der Auffassung von Paul Parin waren es die unverarbeiteten Schuld- und Haßerinnerungen an die ungesühnten Massenmorde während des Krieges und nach dem Krieg, die von Kroaten an Serben und von Serben an Kroaten verübt wurden, die sich jetzt entluden, und die sich erst entladen haben, als die unterdrückende und jede bewußte Vergegenwärtigung des Geschehenen verhindernde Macht der Partei und der staatlichen Organisation der Konföderation zerfallen waren. Diesen Haßerinnerungen haben sich die schon beinahe tausendjährigen konfessionellen Fremdheiten und Feindseligkeiten hinzuaddiert. Der nationalistische Haß sei jedoch erst kriegerisch geworden, seit eine systematische Fernseh-Greuelpropaganda auf beiden Seiten, wie es sie bei entsprechenden Konflikten noch nie gegeben haben soll, beide Völker in eine paranoide Kriegspsychose getrieben hat. Was immer die Motive und Ziele der serbischen Führer gewesen sein mögen, und was immer die kroatische Seite beabsichtigte, sie und ihre Fernseh-Propagandisten haben gewußt, daß Menschen erst dann Kriege hinnehmen, wenn das Feindbild unmenschlich böse gemacht wird und der Feind äußerst verächtlich geworden ist. Wir müssen sehen, wie beide Veränderungen durch Propaganda, besonders auch durch nationalistische Propaganda erreicht worden sind. Entscheidend war die Mobilisierung unbewußter paranoider Gruppenmechanismen, die gegen vorhandene Schuldgefühle wegen der eigenen früheren und gegenwärtigen Destruktivität gerichtet wurden.

Die Bösartigkeit des Feindes entsteht durch Abspaltung seiner vertrauten Menschlichkeiten, die nur noch der eigenen Gruppe zuerkannt werden, so daß allein seine vergrößerten Grausamkeiten und Gewissenlosigkeiten übrigbleiben, und durch die Projektion der eigenen Mordlust auf den Feind; die Verächtlichkeit des Feindes entsteht durch den manischen Mechanismus. Das Elende an dem Ganzen ist, daß alle Menschen, bei einer gewissen Glaubwürdigkeit oder Plausibilität der Information, für derartige Feindbilder empfänglich sind, und daß wir, weil wir Gruppenwesen sind, Spaltungen in Gut und Böse sowie Idealisierungen in Richtung unmenschlich schlecht und ideal gut und negative Projektionen auf den Feind leicht herstellen und gleichzeitig unser Überich in ein gemeinsames Überich überführen können, das uns schließlich ohne Schuldgefühle Handlungen verüben läßt, die wir privat nicht ertragen könnten. Freud erklärte gegen Ende seiner Rechenschaft über den 1. Weltkrieg in *Zeitgemäßes über Krieg und Tod (1915)*: „Warum die Völkerindividuen einander eigentlich geringschätzen, hassen, verabscheuen, und zwar auch in Friedenszeiten, und jede Nation die andere, das ist freilich rätselhaft. Ich weiß es nicht zu sagen. Es ist in diesem Falle gerade so, als ob sich alle sittlichen Erwerbungen der Einzelnen auslöschten, wenn man eine Mehrheit oder gar eine Million Menschen zusammennimmt, und die primitivsten, ältesten und rohesten, seelischen Einstellungen übrig blieben." (a. a. O., S. 340) Nach allen Einblicken in die Psychoanalyse der unbewußten Dynamik von Großgruppen, wie z. B. durch die Studien des Tavistock Institute of Human Relations, ist unser gegenwärtiges Urteil über die Irrationalität von Großgruppen und über den Einzelnen, der mit seiner Vergrupptheit im Kampf liegt und als Teil der Großgruppe leicht unterliegt, eher noch pessimistischer.

Verleugnung der emotionalen Bedeutung der nationalen Taten, emotionale Verleugnung der gegenwärtigen Weltgefahren und Spaltung zur Abwehr des nationalen Erbes oder der rezenten Vergangenheit sind typische Verfahren von Großgruppen (d. h. der Mehrheit aller einzelnen Mitglieder) gegen die Anerkennung einer schmerzlichen psychischen Realität. Diese Basismechanismen werden immer ergänzt durch die Projektion des eigenen Gehaßten und Verachteten auf ein anderes Volk oder, wie gegenwärtig in vielen europäischen Ländern, besonders aber bei uns, auf Ausländer. Die kollektive Projektion z.B. der christlichen Schuld auf die Juden ist vermutlich der Kern des europäischen Antisemitismus.

Ausgelebter Fremdenhaß wird nicht als privat motiviertes, sondern als ein politisches Verbrechen erlebt. Der Hassende fühlt sich in Übereinstimmung mit einem Teil der Großgruppe, und leider ist er es auch. Wenn man die Resolution einer Bürgerinitiative liest, die zum Protest gegen die Einrichtung eines Asylantenheimes in der Nachbarschaft aufruft, finden sich immer folgende Elemente: der Hinweis auf Unordnung, Schmutz, Gestank und Lärm, die Unsicherheit in der Dunkelheit, die Andeutung von Raub und Brutalität, die man erwarten muß und schließlich die Schutzlosigkeit der Töchter und Frauen vor sexuellen Belästigungen oder Angriffen. Diese Liste enthält immer dieselben Elemente und ist immer nichts anderes als eine Kurzfassung des eigenen Verdrängten, das die eigene räuberische Gier, den Neid, die Revolte gegen die soziale Beschränkung der Schmutz- und Mordlust sowie die niederen sexuellen Gelüste unterdrückt enthält. Das Fremde ist das Deutsche (Christoph Biermann), oder das Serbische, oder das Französische, jedenfalls ist es das gehaßte und verachtete Eigene. Als dieses ist es aber immer auch das eigene Unverstandene. Leider gehört die Anerkennung, daß man projiziert hat, auch in der Analyse zu den sehr mühsam erworbenen Einsichten, und wird erst dann festgehalten, wenn die projizierten Inhalte als eigene toleriert werden können. Man wäre sonst verführt zu wünschen, daß das gesellschaftliche Bewußtsein und alle Politiker wenigstens diesen primitiven Zusammenhang in ihr psychologisches Wissen aufnehmen würden, und jeder Skinhead laut von den Dächern pfeifen hörte, daß er sein Spiegelbild verfolgt. Aber diese Zusammenhänge sind, psychoanalytisch betrachtet, sowohl komplexer und schwieriger, als auch hoffnungsvoller, als es die eben gegebene Kurzanalyse glauben macht, von allen anderen sozialpolitischen Zusammenhängen des Fremdenhasses ganz zu schweigen.

Es ist zwar keine Frage, daß die Projektion des Eigenen der hermeneutische Schlüssel des Fremdenhasses ist. Aus den Psychosebehandlungen der letzten 45 Jahre sind jedoch Kenntnisse über die Projektion gewonnen worden, die das Wesen der Projektion in ein neues Licht gerückt haben, das für den politischen Umgang mit dem Phänomen außerordentlich wichtig ist. Die projektive Identifizierung, die Melanie Klein 1946 als pathologische Abwehr kurz beschrieben hatte, ist von Wilfried Bion zu einer Kommunikationstheorie weiterentwickelt worden, die auch das Verständnis des therapeutischen Prozesses in der Psychoanalyse genauer bestimmt hat. Als Grundmodell der Projektion wird von ihm das Container-Contained-Modell angenommen, das eine dynamische Fassung der altehrwürdigen Form-Inhalt-, Idee-Materie-Beziehung ist. „Wenn der Patient merkt" [– und an diese Stelle kann man jetzt den Täter des Fremdenhasses setzen, wenn man sich eine politische Lösung des Problems vorstellt –], „daß er verstanden wurde, dann fühlt er, daß die Psyche des Analytikers verarbeiten kann, was er in sie hineinprojiziert hat. Er kann sich dann psychisch aufgenommen fühlen (contained). Wenn dieser günstige Austausch nicht stattfindet, dann wird er durch eine Container-Contained-Beziehung ersetzt, die wechselseitig destruktiv oder verwüstend ist". (H. Segal 1991, S. 53) Im therapeutischen Prozeß wird das bisher Unverarbeitbare und noch nie Verstandene in den Analytiker hineinprojiziert, damit es verarbeitet und verstanden wird und als Verarbeitbares und Verstandenes zurückgegeben werden kann.

Fremdenhaß ist eine negative Container-Contained-Beziehung, in der etwas Eigenes vernichtet wird, während der Fremde angegriffen und getötet wird. Die naive Angst vor dem Fremden und die naive Abneigung gegen den Fremden wird durch die Neugier, die Faszination und die Liebe zum Fremden aufgewogen. Sie ist kulturfähig und erziehbar zur Einfühlung in das Eigene im Fremden. Das bist du! Der Fremdenhaß will im Gegensatz hierzu keine Einfühlung, er besteht darauf, daß man etwas tödlich Hassenswertes im Fremden sieht, und setzt alles daran, nichts davon wissen zu wollen, daß es das eigene Hassenswerte ist.

Wenn Menschen sich auf eine so deutlich irrationale, mörderisch/selbstmörderische Weise verhalten, dann müssen mächtige irrationale unbewußte Impulse im Spiele sein, die viel weiter als die ökonomischen, sozialen oder politischen Gründe reichen, an die man üblicherweise denkt. Das Bewußtsein dieser Banden, in Übereinstimmung und im Auftrag großer Gruppen der eigenen Gesellschaft zu handeln, verleiht der idealisierten Gewalttätigkeit und der Befriedigung der eigenen Mordlust so etwas wie eine Berufung. Das private Überich ist durch ein höherrangiges Gruppenüberich überwältigt, das die Beseitigung der Fremden fordert. Was aber wird projiziert, das so unerträglich ist, daß es vernichtet werden muß?

Wir können nur vermuten, daß es sich um etwas handelt, was in einer größeren Gruppe der europäischen Bevölkerung unbewußt existiert. In unserer Bevölkerung ist es etwas Deutsches. Es ist unverstanden und unverarbeitet. Es enthält *in, mit und unter* dem privaten Verdrängten, nationale Geschichte. Es braucht einen anderen Container als den Körper des Fremden, und es braucht eine andere Behandlung als die Vernichtung.

Ausblick

Es kann niemanden verwundern, wenn die durch den Zusammenbruch des staatssozialistischen Systems ausgelösten politischen Umwälzungen sich millionenfach in dem Gefühl der Verunsicherung niederschlagen und sich in einem Anstieg paranoider Mechanismen (Spaltungen, Projektionen, destruktive Nationalismen, Fremdenhaß) ausdrücken. Auf der anderen Seite besteht die Chance, die durch die Aufhebung der Ost-West-Spaltung psychologisch wieder zugänglicher gewordenen nationalen und europäischen Erinnerungen, besonders die kollektiven Schulderinnerungen, in einer bewußten Verarbeitung zu integrieren, und damit die Völker zu versöhnen. Wenn es zutrifft, daß die europäische Humanität ihr Wesen in der Ermöglichung von Schuldtoleranz, von depressiver Position ausdrückt, dann liegt die Zukunft des verunsicherten Europas jedenfalls bei den jungen Familien, die ihren jungen Kindern in einer Zeit der Umwälzungen die Entwicklung zur Schuldtoleranz ermöglichen. Das Erringen nationaler Eigenständigkeiten und die notwendige wirtschaftliche Konsolidierung, die Bewußtmachung der kollektiven Vergangenheit, die Trauerarbeit und die Reintegration der gemeinsamen europäischen Tradition, die Erringung der Gleichberechtigung der Frauen und der Abbau männlicher Herrschaftsstrukturen kann nicht und darf nicht auf Kosten der Kleinkinder dieser Kultur gewonnen werden, von deren positiver Entwicklung sie absolut abhängt.

Literatur

Beland, H. (1992): Psychoanalytische Antisemitismustheorien im Vergleich. In: W. Bohleber und J. Kafka (Hg): Antisemitismus. Breuninger Kolleg Bd. 2, Aisthesis, Bielefeld, erscheint 1992.

Bion, W.R. (1962): Lernen durch Erfahrung. Suhrkamp, Frankfurt 1990

Bohleber, W. (1990): Zur Psychoanalyse des Nationalismus. In: Der Psychoanalytische Prozeß, DPV Arbeitstagung Wiesbaden 1990. Congress-Organisation Geber+Reusch, Frankfurt, 1990. Erweiterte Fassung unter: Nationalismus, Fremdenhaß und Antisemitismus. Psyche 46, 1992, S. 689–709.

Brede, K. und Krovoza, A. (1992): Sozialpsychologische Überlegungen zur deutschen Vereinigung. Psyche 46, 1992, S. 419–446.

Erdheim, M. und Nadig, M. (1991): Ethnopsychoanalyse. In: Ethnopsychoanalyse 2. Herrschaft, Anpassung und Widerstand. Brandes und Apsel, Frankfurt, 1991.

Freud, S. (1915): Zeitgemäßes über Krieg und Tod. GW Bd. 10, S. 323ff.

Freud, S. (1930): Das Unbehagen in der Kultur. GW Bd. 14, S. 419ff.

Klein, M. (1946): Bemerkungen über einige schizoide Mechanismen. In: Das Seelenleben des Kleinkindes, Klett, Stuttgart, 1962.

Ogden, T. H. (1986): The Matrix of the Mind. Aronson, Northvale & London.

Parin, P. (1992): Historische Defizite als Kriegsgrund? In: DIE ZEIT Nr. 13 v. 20.3.92, S. 7.

Segal, H. (1991): Dream, Phantasy and Art. New Library of Psychoanalysis 12. Tavistock/Routledge, London and New York.

Claus Leggewie

Das wiederverzauberte Europa

Vom christlichen Abendland zur europäischen Vielgötterei

1. „Sie sind Muslime – das ist unser Problem“

Gott ist tot, aber die Götter melden sich heftig zurück. In diesen Zeiten beginnen die Tage oft wieder mit einer Schußwunde. In einer fast beliebigen Kriegsreportage des Jahres 1992 heißt es:

„Karen, ein Armenier in den Fünfzigern, befühlt die kleine, ovale Christus-Ikone, die auf dem Armaturenbrett seines Armeefahrzeugs klebt. Dann schlägt er sich mit der Faust auf die Brust: ‚Das bin ich, ich bin das, ich bin ein Christ‘, brüllt er, um sich bei dem Motorenlärm verständlich zu machen. Der Wagen holpert über die mit Bombenkratern übersäte Straße außerhalb Stepanakerts. Plötzlich runzelt Karen die Stirn und zeigt mit der geballten Faust in Richtung der aserbaidschanischen Linien südlich der Stadt: ‚Sie sind Muslime, sie beten Allah an. Das ist unser Problem.‘“ (AFP-Bericht. SZ 18.3.1992)

Was ist unser Problem? Egal, ob die Szene wahr ist oder der überhitzten Phantasie eines Frontreporters entspringt – solche Beobachtungen, die nach einem neuen Leviathan, einem Weltgewaltmonopolisten, geradezu schreien, irritieren die säkulare Normalität des westlichen Europa. Man möchte glauben, die irreversible *Entzauberung der Welt* sei widerlegt. Max Weber verstand darunter die „zunehmende Intellektualisierung und Rationalisierung“ der Welt, d.h.

„*nicht* eine zunehmende allgemeine Kenntnis der Lebensbedingungen, unter denen man steht. Sondern sie bedeutet etwas anderes: das Wissen davon oder den Glauben daran: daß man, wenn man *nur wollte*, es jederzeit erfahren *könnte*, daß es also prinzipiell keine geheimnisvollen unberechenbare Mächte gebe, die da hineinspielen, daß man vielmehr alle Dinge – im Prinzip – durch *Berechnen beherrschen* könne“ (Wissenschaft als Beruf, zit. nach Winckelmann 1968, S. 317).

Ist einmal die Magie den Dingen ausgetrieben, der große Zaubergarten durchkalkuliert und bestens ausgeschildert, dann bekommt auch die Religion ihren bescheidenen Platz: in der Nische. Auch wenn heute viel dagegen zu sprechen scheint: der mitten in Europa in religiösem Wahn geführte Krieg zwischen kroatischen Katholiken, Serbisch-Orthodoxen und Muslimen, der an den kaum noch zur Kenntnis genommenen Konfessionskrieg in Nordirland erinnert; oder der Abtreibungsstreit, in dem Meinungsführer wie Bischof Dyba und Rudolf Augstein wieder die kulturkämpferische Klinge kreuzen und der Katholische Männerverein Tuntenhausen sich zur parlamentarischen Sperrminorität aufschwingen will: Wir gehen weiter fest von der ebenso selbstverständlichen wie tautologischen Annahme aus, in einer „säkularen Welt“ zu leben.

In einer modernen Gesellschaft ist Religion „apart“ geworden: Eine Neben-Sache, die die Gesellschaft nicht völlig prägt bzw. vereinnahmt wie in traditionellen Verhältnissen. Sozialstrukturell wie im Bewußtsein der Mehrheit haben geistliche Dinge eine ziemlich marginale Bedeutung und werden, so eine weitverbreitete These, immer unwichtiger. Da Religion zunehmend mit Kirche verwechselt wird, werden zu ihrer Untermauerung der rapide Mitgliederschwund und Priestermangel beider christlichen Kirchen, leere Gotteshäuser und das Verschwinden religiöser Themen und Symbole aus den Alltagsgesprächen herangezogen. Die religiöse Sphäre erscheint in der profanen Umwelt wie eine rasch schmelzende Eisscholle, auf der sich die Gotteskinder zusammenkauern. Aber auch aus einer selbstbewußten Gesellschaft, die mehrheitlich vom Tod Gottes überzeugt ist, ist Religion nicht verschwunden, nicht einmal das Heilige oder Numinose, das gemeinhin als ihre Substanz betrachtet wird. Man muß nicht die oben angeführten „Übergriffe“ der Eiferer und Gottsucherbanden heranziehen, um die *dialektische* Beziehung zwischen Religion und moderner Gesellschaft herauszustellen: Gerade weil und indem sich beides trennte, konnte sich Religion als spezielle Sphäre (alias: System) herausbilden und erst aus dieser relativen Autonomie heraus die anderen Bereiche der Gesellschaft beeinflussen. So sehr sich moderne Gesellschaften insgesamt verweltlichten, so (eigen)mächtig wurden ihre kirchlich-konfessionellen Organe und Institutionen. Darin ist ein virtueller Gegensatz von Religion und Gesellschaft angelegt; das geoffenbarte Wort Gottes ist explizit gemacht und ständiger Kritik ausgesetzt. Aber in okzidentalen Modernisierungsprozessen ist dieser Widerspruch eher Motor als Bremse des sozialen Wandels gewesen. Entzauberung ist demnach kein antireligiöser Bruch, sondern ein innerreligiöser Wandlungs- und Anpassungsvorgang. Im historischen Prozeß der Säkularisierung (ver)schwindet das Religiöse nicht, es verlagert sich vielmehr. Anlagen zur Selbstsäkularisierung brachten alle monotheistischen Buchreligionen mit. Sie sind lesbar, rational (und nicht magisch o.ä.) und transzendental (also nicht kosmologisch o.ä.); und sie betten sich in den Strom der Geschichte, sind damit wandelbar und – mehr oder weniger – institutionell ausgeprägt in Gestalt von Kirchen und Denominationen. Und sie haben sich auf eine gesellschaftskonforme Weise privatisiert, individualisiert, subjektiviert – „unsichtbar" gemacht.

2. Der halbierte Säkularismus des Westens

Neben diesem Subjektivismus ist nun vor allem der religiöse Pluralismus Merkmal der westlichen Religionsordnung. Was einige Christen noch immer beklagen und durch ökumenische Veranstaltungen reparieren wollen, ist für den Soziologen ein historischer „Glücksfall" (Niklas Luhmann): die Kirchenspaltung. Denn in der Moderne gilt ein weitgehendes, in den bürgerlichen Revolutionen „errungenes" Prinzip der Inklusion: d.h. alle sollen jederzeit alle sozialen Rollen in allen Teilsystemen der Gesellschaft übernehmen können. Die Kirche mußte sich dem anpassen und, modern gesagt, den Klerus in Rollenträger verwandeln und die Laien entsprechend aufwerten. Diese Forderungen der Reformatoren fand man in Rom zwar zu radikal, mit dem bekannten schismatischen Effekt, der traumatische Bürgerkriege auslöste. Wieso also Glücksfall? Weil sich am friedlichen Ende im Religionssystem selbst der Zwang zu einer Wahl des Glaubens ergab und damit, auch für die Ultramontanen, eine Chance: das ansonsten unlösbare Inklusionsproblem wurde durch Segmentierung, also Binnendifferenzierung gelöst. In diesem Sinne läßt sich die ideenpolitische Parole der Säkularisierung nüchtern systemtheoretisch umformulieren:

„Säkularisierung ist eine der Konsequenzen des Umbaus der Gesellschaft in Richtung auf ein primär funktional differenziertes System, in dem jeder Funktionsbereich höhere Eigenständigkeit und Autonomie gewinnt, aber auch abhängiger wird davon, daß und wie die anderen Funktionen erfüllt werden" (Niklas Luhmann 1982: 255).

Das erzwingt die Trennung von Staat und Kirche, die in den modernen westlichen Demokratien in unterschiedlicher Strenge erfolgt ist. Denn welche Risiken auch immer man wählte, dieses Bekenntnis durfte der gleichberechtigten Beteiligung am öffentlichen Leben keinesfalls entgegenstehen und sollte nicht die autonome Funktionsweise des politischen Systems beeinträchtigen. Politik und Religion, im mittelalterlichen Ideal eins, fielen auseinander und separierten sich auf Dauer. Die Religionsgemeinschaften mußten ihren Absolutheitsanspruch verinnerlichen, also die Regelbefolgung nur eigenen Mitgliedern zumuten oder der Einsicht jedes einzelnen Frommen überlassen: damit wurden sie selbst zu Garanten der Separation von Staat und Kirche. Denn jede wacht über die Aufrechterhaltung der Grenze und verhindert die Heranziehung einer einzigen Konfession zur monopolistischen Staatskirche.

Aber das war nur die eine Seite. In dem Maße, wie sich die weltliche Ordnungsmacht autonom setzte und zu dem neuzeittypischen Anspruch aufschwang, aus einem Monopol legitimer physischer Gewaltsamkeit heraus kollektiv bindende Entscheidungen zu erwirken und durchzusetzen, nahm sie auch verkappte religiöse Elemente in sich auf. Man muß nicht so weit gehen wie Carl Schmitt und behaupten, daß „alle prägnanten Begriffe der modernen Staatslehre ... säkularisierte theologische Begriffe" sind, um diese politisch-theologische Grundierung westlicher Demokratien im Auge zu behalten und die zivilreligiösen Züge unserer politischen Institutionen und Kulturen zu erkennen, von den Grundwerten der Verfassungen bis zu den Details alltäglicher Sozialtransfers. Säkularisierung reichte unterschiedlich weit: Markt, Wissenschaft und Technik wurden religionsfreier als die Politik und erst recht die Familien- und Verwandtschaftsysteme, wo Religion, und zwar in typisch „privater" und freiwilliger Form, als Sinn- und Motivationsinstanz wichtig blieb. Dieser halbierte Säkularismus und die zahlreichen Restprivilegien der christlichen Konfessionen springen heute ins Auge, da – immigrationsbedingt – diverse nicht-christliche Religionsgemeinschaften in Europa auftauchen und denselben Rechtsstatus verlangen (und prompt verweigert bekommen). Selbst im laizistischen Modellstaat Frankreich hat die Abwehr muslimischer Ansprüche durch die Republik bisweilen hysterische Formen angenommen.

3. Gibt es eine andere als christliche Idee Europas?

Auf Kirchentagen gibt es sie schon: die multireligiöse Weltgesellschaft. Daß nicht Einheit und Vereinheitlichung, sondern Vielfalt und Pluralität Europa auszeichnen – dieser Gemeinplatz wird fragwürdig in der Perspektive des Fremden. In seinen Augen muß Europa noch einmal differenzieren lernen, denn es war lange, affirmativ wie polemisch, gleichgesetzt mit dem christlichen Abendland, und wird, bis hin zum heutigen Wahlverhalten, nach konfessionellen Linien organisiert und regiert. Daß Europa auch andere Gründungsvoraussetzungen hatte und seine Geschichte einen anderen Verlauf hätte nehmen können, haben wir vergessen, drängt sich jetzt aber unter dem Druck eines Jubiläums auf: Im Jahr 1492 endete in

Spanien, zugunsten einer katholisch fundierten Nationsbildung, eine einzigartige religiöse Koexistenz, für die der Orientalist William Montgomery Watt die starken Bezeichnungen Symbiose, Amalgam und Fusion kreiert hat. In der maurischen Periode, also vor der okzidentalen Europäisierung Europas und der europäischen Welteroberung, war in der Tat eine hohe Stufe religiöser Koexistenz und gegenseitiger Toleranz erreicht zwischen dem über einige Jahrhunderte dominanten, dann in die Defensive versetzten Islam, dem Judentum und dem erst spät absolut gesetzten Christentum. Wissenschaft und Kultur, z.B. an der Gelehrtenschule von Cordoba, gelangten im Südwesten Europas, damals keineswegs Peripherie, zeitweise zu höchsten gemeinsamen Leistungen: antike und hellenistische Philosophie wurden erst auf diesem Weg für den europäischen Humanismus und die spätere Aufklärung verfügbar.

Zwischen den Eliten wie unter der Bevölkerung des iberischen Flickenteppichs bestand ein erstaunliches Maß an Durchlässigkeit und Konvertibilität, letzteres im ganz wörtlichen Sinne, was religiöse Übertritte und Synkretismus anbetrifft. Und die politischen Konflikte dieser mittelalterlichen Feudalwelt, die es natürlich gab, waren nicht auf derartige ethnisch-religiöse Entmischungen programmiert, wie sie im 15. Jahrhundert und mit der modernen Nationalstaatsbildung üblich wurden. Manchen gilt dieses Muster praktischer Konvivienz als praktikables Modell für die Gegenwart – Salman Rushdie beispielsweise, der mit vielen Tausend Immigranten aus dem Orient den weltlichen Weg, Moslem zu sein, sucht, sprach gern vom „andalusischen Islam", bevor ihn seine wenigen moslemischen Bündnispartner im Stich ließen. Wenn man aber nicht unhistorisch verfährt und keinen neoromantischen Alhambra-Mythos pflegt, sind hier in der Tat einige, nicht alle Bausteine einer postnationalen und postmodernen Konstruktion zu finden – Versatzstücke, mit denen einige Jugendliche und Meinungsführer der ost-westlichen Bricolage-Kultur zwischen Algier und Frankfurt längst zu hantieren und zu jonglieren begonnen haben.

Islamische Intellektuelle reklamieren dieses maurische Erbe als einen vom Westen geraubten Schatz; sie klagen zu Recht, daß der Okzident verkennt, wieviel Orient in ihm genealogisch steckt. Dieser Appell zu *inter*konfessioneller Anerkennung und Gleichberechtigung wird natürlich getrübt durch *inner*konfessionelle Intoleranz vieler orthodoxer und integristischer Muslime. Gegen beides – westliche Ignoranz und islamischen Doktrinarismus – steht die Reminiszenz des *Islam im Westen*. Heutzutage ist das historische Dreieck Juden – Christen – Muslime natürlich zu einem Vieleck erweitert: Mit dem Fall der Mauern eröffnete sich das weite Feld postsozialistischer Volksfrömmigkeit des Ostens und seiner orthodoxen Staatskirchen; durch Einwanderung kommt die ganze Palette asiatischer und afrikanischer Kulte hinzu.

Ob Europa multireligiös wird, ist schon gar keine Frage mehr. Die Muslime z.B. sind derzeit die einzige zahlenmäßig wachsende Religionsgemeinschaft in Westeuropa; allein in Deutschland werden es bald zwei Millionen sein. Vergleicht man die Bevölkerungsstruktur der alten Bundesrepublik von 1950 mit der von heute, wird einem der Wandel deutlich, der sich noch beschleunigen wird: Anfangs, nach dem nationalsozialistischen Vertreibungs- und Vernichtungsakt, waren 51,5 Prozent Protestanten (inkl. Freikirchen), 44,3 Prozent Katholiken, 3,7 Prozent gehörten keiner Religionsgemeinschaft an – sonst nichts. Bei der letzten Volkszählung 1987 lagen die beiden christlichen Konfessionen gleichauf (was durch die Vereinigung wieder revidiert wird), die Zahl der Atheisten und Agnostiker hatte sich auf acht Prozent erhöht (auch ihre Reihen wurden durch die Vereinigung gestärkt), der Anteil der ausländischen Muslime lag mittlerweile bei 2,7, sonstiger Bekenntnisse bei 2,0 Prozent. In einer Stadt wie Frankfurt lag der Anteil der Muslime bereits bei sechs Prozent. Interessant ist auch die wachsende, überwiegend durch Konversion und Einbürgerung zustandekommende Zahl von deutschen Muslimen, die auf 100000 zusteuert.

So unterliegt das christlich-säkulare Abendland einer wahren Metamorphose. Gott kehrte in vieler Gestalt zurück, bei anhaltender Entkirchlichung und wachsender Politisierung der Religion. (Über Phänomene postmoderner Religiösität habe ich hier noch gar nicht gesprochen.) In dieser Lage stellen sich alle Fragen der maurischen Periode neu und verlangen zeitgemäße Antworten, die über das gutgemeinte Kirchentagsgespräch, den herrschaftsfreien Dialog über Nathans Ringparabel und die tägliche Indifferenz hinausführen. Die Nagelprobe der verfassungsgarantierten Religionsfreiheit steht noch bevor, und ich vertraue dabei weniger auf den weltkonziliaren Prozeß als auf minutiöse Institutionalisierung und Realpolitik.

4. Der Islam im Westen

Unter „Islam im Westen" verstehe ich nicht nur jene Praxis, die muslimische Einwanderer mitbringen und im dar-al-harb, in der christlich-säkularen Diaspora, unter zum Teil schwierigen Bedingungen pflegen, sondern eine übergreifende Konstellation, die den Islam besonders seit dem 19. Jahrhundert in den Kontext einer ökonomisch, technologisch und politisch-militärisch überlegenen Kultur hineinversetzt und unter permanenten Anpassungsdruck gebracht hat.

Der Islam steht heute unter einem ungerechten, verhängnisvollen Fundamentalismusverdacht. Integristische Muslime behaupten, ebenso wie ihre westlichen Gegner, Religion und Politik seien im Islam prinzipiell nicht zu trennen. Beide verneinen die Frage, ob „der" Islam anpassungsfähig (genug) ist, ob er ähnliche Säkularisierungstendenzen und -bereitschaften aufzubringen vermag wie die beiden anderen monotheistischen Religionen. Ich als belesener Amateur bin erstaunt über die weit auseinanderklaffenden Urteile berufener Islamwissenschaftler über Säkularisierungsstand und Verweltlichungspotentiale „des" Islam. Sie variieren von der fast totalen Säkularisierungsunfähigkeit der Muslime (Bassam Tibi) bis zu der ebenso kühnen Behauptung, der Islam habe seine Reformation längst hinter sich und verdanke seinen Rückstand gewissermaßen einem (auch internalisierten) orientalistischen Mißverständnis (Reinhard Schulze).

Der Islam – diese Generalisierung legt von Beginn an eine falsche Fährte: sie unterstellt eine dogmatische Homogenität und institutionelle Geschlossenheit, die eine konfessionelle Binnendifferenzierung wie im Christentum nicht erwarten läßt. In Wirklichkeit aber ist auch der Islam eine polyzentrische, stark fragmentierte Religion, in der säkularistische mit integristischen Tendenzen im heftigen Streit liegen. Wie weit die Differenzierung gediehen ist und gehen kann, ist schwer zu ermessen, da eine seriöse Religionssoziologie an Ort und Stelle kaum möglich ist. Auf den ersten Blick wird eine schockierende, manche auch faszinierende Resistenz des Islam gegen säkulare Zumutungen und postreligiöse Schwundphänomene sichtbar:

- erstens eine erstaunliche breite, noch steigerungsfähige Teilnahme an religiösen Ritualen und Zeremonien, die ebenso hohe Verbindlichkeit religiöser Vorschriften im Alltag, vom Fastengebot über festliche Anlässe bis zu Alltagsgesprächen und der Bestimmung des Zeittaktes im täglichen Leben;
- zweitens die nachhaltige Abwesenheit ausgeprägt klerikaler oder Laienorganisationen zwischen Gott und Gläubigen, die den christlichen Kirchen adäquate Leistungen und Diakoniedienste anbieten und als Verhandlungspartner staatlicher Verwaltungen dienen können, was eine (auch politisch) herausgehobene Rolle von Imamen, Rechtsgelehrten und zunehmend informellen Kadern aus der depravierten Intelligenz nicht ausschließt;
- drittens der selbstbewußte Anspruch, zu allen relevanten politischen Fragen nicht erst als soziale Interessengruppe oder Lobby, sondern kraft und aus der koranischen Autorität Stellung beziehen zu dürfen, die anderen Quellen der „Meinungsbildung“ haushoch überlegen gilt;
- viertens eine die private Frömmigkeit und mystische Versenkung des einzelnen Gläubigen weit übersteigende soziale Kontrolle (Orthopraxie), welche kollektive Identität und Gemeinschaftsbildung begünstigt.

Diese Hochachtung der Religion findet man auch und gerade in den muslimischen Kolonien im Westen. Angesichts der prekären Ich- und Gruppenidentitäten und der geringen sozialen und Rechtssicherheit auch der bereits im Westen geborenen Generationen kann die Religion ihre klassischen Funktionen ausspielen, die in der Soziologie immer genannt werden: sie kann erlittene Unbill kompensieren, soziale Integration sichern, aber eben auch sozialen Wandel motivieren. Es ist nur scheinbar paradox, daß der Islam im Westen, indem er sich zu den westlichen Lebensgewohnheiten in Distanz und Spannung setzt, gleichwohl in die westliche Gesellschaft hineinmobilisiert. Und die wird, nicht nur was Konversionen anbetrifft, nicht ungeschoren davonkommen.

Seine Eigenheiten, die sich der Islam in einer verwestlichten Globalkultur zäh bewahrt – ein gewisser Konformismus und Anti-Pluralismus, geringere Institutionalisierung und mangelnde Trennschärfe von Religion und Politik (ebenso: Wirtschaft, Wissenschaft), insgesamt ein hohes Maß an Selbstgewißheit und Sicherheit – deuten zwar nicht auf Resistenz, wohl aber auf besondere Modalitäten der Säkularisierung hin.

Systemtheoretisch gesprochen sind das alles Defekte der modernen Ausdifferenzierung. Entsprechend lang ist die Mängelliste: Industrialisierung, Aufklärung, Liberalismus, Toleranz, Menschenrechte, Individualismus – alles Fehlanzeige. Althergebrachte dogmatische Barrieren, nämlich autoritative Auslegung der Schrift (taqlid) an Stelle der freien Exegese und Anpassung (ijtihad), und historische Holzwege der nur am Rande aufgeklärten, kolonialisierten „Defensivkultur“ (Tibi) in der bis heute tradierten Frontstellung gegen den Westen mündeten demnach beinahe zwangsläufig in die aktuelle Sackgasse – die Unfähigkeit zur geistigen, moralischen und politischen Innovation und Reformation. Einem (größer werdenden) Heer von Islamisten steht in dieser Sicht ein versprengtes, durch Repression, Zensur und Selbstzensur verschüchtertes Häuflein Säkularisten, zumeist noch im Exil, gegenüber.

Aber das ist nur die eine Seite, und man muß sich davor hüten, aus aktuellen innerarabischen Frontstellungen oder Scharmützeln im Westen (Rushdie-Affäre) auf grundsätzlich irrationale Strukturen im Islam zu schließen. Denn er ist in einem ganz besonderen Maße Vernunftreligion und auf die Schrift fixiert. Er verfügt weniger über eine „kosmologische Ethik“ (Tibi) als über einen transzendentalen Gottesbegriff; er kennt durchaus „pietistische“ und mystische Strömungen, die im okzidentalen Rationalismus wichtige Säkularisierer waren. Und der Islam bewertet den Gläubigen, das Individuum im direkten Verhältnis zu Allah, wie kaum eine zweite Religion. Alles in allem teilt er also alle Merkmale, die zur „Entzauberung“ geführt haben.

Dem entsprechen sozialhistorische Ansätze zur Säkularisierung; Ibn Rushd (Averroes) aus Cordoba war der prominenteste Autor des Mittelalters, der zur Trennung von Philosophie (Wissenschaft) und Theologie aufrief und sich wütende Polemiken der orthodoxen Rechtsschulen einhandelte. Manche Forscher sprechen von einer regelrechten islamischen Aufklärung im 18. Jahrhundert, die es noch gegen das Vorurteil des Westens und das obskurantische Selbstbild freizulegen gelte.

Entscheidend für unseren Zusammenhang ist die dogmatische und faktische Trennung der religiösen Sphäre (din) von der politischen Herrschaft (daula). Wenn in islamischen Kreisen durchweg gefordert wird, die Scharia solle die Rechtsleitung übernehmen, so übersteigt dies nicht prinzipiell den Anspruch der Christenheit, mit einem Grundwertekanon profane Herrschaft zu instruieren und zu lenken. Auch erklärte Integristen in der Diaspora können gut mit dem Grundgesetz leben und, wie sie freilich nur unter vorgehaltener Hand zugeben, sie leben damit besser als in den unvollkommenen Rechtsstaaten ihrer geistlichen Heimat.

Ein weiteres säkulares Element ist die faktische Trennung von umma und watan, also die Etablierung eigenständiger Nationalstaaten im Rahmen der islamischen Weltgemeinschaft. Religiöse, kulturelle und nationale Identität stimmen keineswegs überein, was man auch an den Gruppierungen der Muslime in der Diaspora nachvollziehen kann. Verstärkt wurde diese Sphärentrennung in der Kolonialzeit, als sich auch ein eigenes, vom islamischen Recht unterschiedenes öffentliches und Strafrecht neben dem Familienrecht herausbildete. Dieser Dualismus wurde überwunden nur in weithin säkularen Staaten wie der Türkei, ansatzweise auch in Tunesien, sehr viel weniger im sozialistischen Algerien oder in Ägypten.

Genau diese Separation wird heute, zumindest theoretisch, revidiert. Mit der Reislamisierung tritt aber „die" Religion in einen eklatanten Widerspruch zum praktischen Säkularismus im Alltagsleben, den man keineswegs nur in Emigrantenkreisen antrifft, sondern in jeder arabischen Gesellschaft auf Anhieb erkennen kann, wenn man nicht einer vordergründigen Symbolik aufsitzt. Selbst der Iran hat es nie zu der versprochenen Theokratie gebracht. Die aufgeregten Reaktionen der „Fanatiker" sind damit m.E. eher Anzeichen fortgeschrittener denn ausgebliebener Säkularisierung – sie kämpfen, wie die christlichen Religionen in der Vergangenheit, gegen unvermeidbare Terrainverluste. Die Orthodoxen halten die geistigen und praktischen Vorreiter der Säkularisierung – Intellektuelle, Jugendliche, Frauen – regelrecht in Schach, und die westliche Seite gibt diesen kaum Flankenschutz.

Westliche Kritiker vollziehen vielmehr genau die Operation der Islamisten nach: „Der Islam" gilt auch ihnen als Passepartout für alle nur denkbaren Schwierigkeiten der islamischen wie westlichen Welt. Dabei fällt unser Blick zu sehr auf die „kalkulierenden Propheten" (Rushdie) aus Ghom oder Bradford, die die Religion zur politischen Ideologie erheben, und die im Kameraauge vervielfachte, beängstigende Menge, die den charismatischen Führern zu folgen bereit ist. Es wäre angebracht, jenen dieselbe Aufmerksamkeit entgegenzubringen, die die Säkularisierung des Islam vorantreiben, freilich nicht als westliches Imitat, sondern in their own way. Stellvertretend möchte ich hier nicht nur die exilierten Dichter und Denker herausstellen, sondern auch einen liberalen Gelehrten wie Fouad Zakhariya, der in Kairo und Kuweit lehrt und sich mutig gegen islamisch verbrämte Regime wendet.

Die Lage kompliziert sich freilich dadurch, daß die wachsende islamistische Opposition in vielen arabischen Ländern trotz ihres ideologischen Purismus und ihrer bornierten Frontstellung gegen „den" Westen dort ein Stück „zivile Gesellschaft" verkörpert, z.B. gegenüber einem weltlichen Regime vom Typ der algerischen Einheitspartei FLN, die über ein Vierteljahrhundert regiert hat und ihre Macht nur noch mit Panzern und Bajonetten zu verteidigen in der Lage ist, die bei uns aber fast zum Bollwerk der Aufklärung gegen den Obskurantismus hochgejubelt wird. Demokratie und Menschenrechte können aber selbstverständlich nicht mit den Mitteln der Verfolgung garantiert werden, wie sie heute gegen viele Islamisten angewandt werden – in algerischen Wüstenlagern sind derzeit immer noch einige Tausend eingesperrt.

Fazit: Nicht der Islam an sich, sondern die Religion benutzende politisch-ideologische Strömungen und vom Westen absichtsvoll oder naiv gestützte Diktatoren behindern die Säkularisierung islamischer Gesellschaften: dort müssen Perestroijka und Glasnost erst noch Einzug halten. Die nicht nur in Tuntenhausen, sondern eben auch in aufgeklärten Kreisen anzutreffende Kreuzzugsmentalität wider den fremden Fundamentalismus deutet nur auf die halbe Säkularisierung im Westen selbst zurück, der sich in schwierigen multikulturellen Zeiten auf alte Gewißheiten zurückzieht und in einer polyzentrisch gewordenen Welt an der „islamischen Gefahr" aufrichtet. Europäische Gesellschaften müssen sich erst noch auf den religiösen Pluralismus einstellen: ihr Lernpensum, die friedliche Schlichtung christlicher Konfessionskriege, das „nur" zur Toleranz eines starken gesellschaftlichen Kerns gegenüber schwachen Peripherien und Minderheiten geführt hat, reicht wahrscheinlich nicht mehr aus; sie müssen sich zu einer Politik der Koexistenz durchringen, die ohne kulturelle Hegemonie eines starken Zentrums auskommen muß. Nach der politischen Amerikanisierung nach dem Krieg und der kulturellen in den 60er Jahren wird nun also wohl ein „göttlicher Supermarkt" nach der Art Amerikas in Europa Einzug halten.

Dazu müssen wichtige politische Tagesforderungen erfüllt werden: volle Bürgerrechte für Einwanderer und deren Kinder und, was organisatorisch nicht einfach ist, die gleichberechtigte Anerkennung der islamischen und anderer Kultusgemeinden. Nur so können die gesellschaftlichen Aushandlungsprozesse in Gang kommen, die die absehbaren Religions- und Sozialkonflikte erträglich und lösbar machen. Es wäre fatal, wenn sich die europäischen Demokratien angesichts dieser Herausforderung zu einem postmodernen Super-Leviathan aufrüsten würden; einzig die katholische Variante der Postmoderne hält den gesellschaftlichen Kontingenzen noch das Absolute entgegen. Postmoderne ernstgenommen, beinhaltet jedoch als erstes den Verzicht auf einheitsstiftende Sinnmuster – was zugegeben schwer vereinbar ist mit dem Universalismus der christlichen wie muslimischen Art. Sie setzt nämlich Verrat am Heiligen Text voraus. Dann stehen die europäischen Welt-Religionen zueinander in einem Verhältnis praktischer Vielgötterei; das „Lob des Polytheismus“ wird man jetzt in einer nicht mehr bloß metaphorischen Weise anstimmen können. Und die Postmoderne erfordert noch eine zweite Umstellung – die Säkularisierung des Staates selbst. Die freilich wäre erst dann erreicht, wenn er sich dezentriert und auf eine zurückhaltende, ironische Rolle als Moderator selbstorganisierter Netzwerke und Runder Tische zurückzöge. Die muß nicht unbedingt in eklatantem Widerspruch stehen zur eingeforderten, starken Schiedsrichterrolle. Aber im Moment sieht leider alles danach aus.

Daniel Vernet

Hoffnungen und Risiken der Freiheit

Die Verunsicherungen, die bezüglich der weiteren europäischen Entwicklung bislang vor allem östlich der Oder-Neiße festzustellen waren, betreffen inzwischen auch den westlichen Teil unseres Kontinents. Was François Mitterand mehrmals als „môle de stabilité“ – Stabilitätsmole, wenn Sie diese Übersetzung aus der Sprache der Schiffer zulassen – kennzeichnete, nämlich die europäische Gemeinschaft, ist nach der Volksabstimmung in Dänemark ins Schwanken geraten. Ja, Europa ist unsicherer geworden, und die ganze Welt mit ihm. Der Grund ist einfacher zu finden als der Ausweg.

Der Grund liegt darin, daß die Ordnung, die die Welt seit 1949 beherrschte, mit dem Zerfall des sowjetischen Reiches und mit dem Ende der Spaltung in Europa und in Deutschland zusammenbrach. Keine neue Ordnung hat sie ersetzt. Es gibt keine neue Weltordnung, aufgebaut auf Demokratie und Menschenrechte, wie sie Georg Bush sich gewünscht hätte, sondern eine Unordnung, die allen möglichen uralten, sogar veralteten Tendenzen und Kräften einen Freibrief gegeben hat.

Eine Binsenweisheit ist es, wenn der Vergleich zu 1918 gezogen wird: Alles sieht so aus, als sei die Geschichte nach dem Zweiten Weltkrieg zunächst eingefroren worden, dann aber mit den Ereignissen von 1989 wieder lebendig geworden, aber von dem Punkt her, den sie nach dem Ersten Weltkrieg erreicht hatte. Das Ende des Kommunismus bedeutet nicht das Ende der Geschichte, sondern eben einen Neuanfang. Nur hat das Abschmelzen des Kommunismus in Europa die Lage so gelassen wie 1918, wenn nicht wie vor 1914. Sie kennen vielleicht die folgende treffende Anekdote: Einem Politiker, der sich über den Sieg der Alliierten im Zweiten Weltkriege freute, antwortete ein britischer General: Jetzt müssen wir den Ersten gewinnen.

Ich habe nicht die Absicht, alle Erscheinungen und Rückstände des 19. Jahrhunderts in unserer heutigen Geschichte noch einmal zu beschreiben: Nationalismus, Antisemitismus, Forderungen nach Grenzveränderungen, Zersplitterung der großen Reiche und Bundesstaaten, Zerstückelung sogar der kleinen Staaten, wenn nicht mehr die Nation, sondern der Stamm zum politischen Maßstab wird, und Bürgerkriege in Europa, nur ein paar hundert Kilometer entfernt von unserer zivilisierten Heimat.

Ja, die Welt ist unsicherer geworden. Vierzig Jahre lang beruhte die Weltordnung auf den sicheren Pfeilern der beruhigenden Feindseligkeit zwischen Ost und West, zwischen den USA und der Sowjetunion und ihren jeweiligen Verbündeten. Zwar hatte dieses Gleichgewicht einige peinliche Folgen, politisch und ethisch. Zunächst war es auf der Abschreckung aufgebaut, auf der Existenz von mehreren Tausenden von Atomsprengköpfen, und auf der Unterdrückung ost- und zentraleuropäischer Völker, darunter ein Teil des deutschen Volkes. Diese Weltordnung und dieser Friede in Europa hatten auch einige peinliche Folgen in der „Dritten Welt“: Nicht nur Unterentwicklung und Armut gehörten dazu, sondern auch militärische und ideologische Kriege, die diese „Dritte Welt“ zum Schauplatz der Ost-West-Rivalitäten machten.

Politische Folgen dieser Ordnung gab es auch auf der anderen Seite unserer Wohlstandsgrenze in Europa: Volksaufstände in Berlin 1953, in Warschau und Budapest 1956, in Prag 1968. Sie alle wurden durch die sowjetische Macht und die ihrer Satelliten mit Gewalt unterdrückt. Ruhe herrschte in Warschau und anderswo im sowjetischen Machtbereich dank der Abstinenz der Westmächte, die alle der Meinung des ehemaligen französischen Außenministers Claude Cheysson waren: Selbstverständlich werden wir nichts tun, hatte dieser Minister nach der Verhängung des Kriegszustandes in Polen 1981 gesagt.

Selbstverständlich taten wir nichts. Es ging uns nichts an. Wir waren moralisch betroffen von dem Mut und gleichzeitig von dem Leichtsinn dieser armen Völker, die sich auf der Schattenseite der Geschichte befanden. Aber politisch geschah alles in jener Zone der sowjetischen Macht, in der wir impotent waren. Selbstverständlich werden wir nichts tun. Und was war teurer: Der Friede in Europa oder die Freiheit unserer Nachbarn? Es war so, daß die Unfreiheit zwar keine Hoffnungen, aber auch keine Risiken barg.

Ich gebe zu, das ist ein bißchen übertrieben, Risiken gab es schon: Nehmen wir zum Beispiel 1961 und 1962 die Krisen um Kuba und Berlin, die die Welt an den Rand eines Dritten Weltkrieges geführt haben, oder nehmen wir 1979/80 den sowjetischen Einmarsch in Afghanistan. Nur waren damals die Spielregeln der Weltordnung ziemlich klar, und die Prinzipien der Abschreckung wurden anläßlich solcher Krisen genauer geprüft und festgeschrieben.

Auf der anderen Seite waren die Spaltung der Welt und die Spaltung Europas in zwei militärische und ideologische Blöcke die Voraussetzung für zwei wichtige Veränderungen in Europa, wenn man die Lage nach 1945 mit der nach 1918 vergleicht. Ich meine die Einbindung Deutschlands beziehungsweise der Bundesrepublik Deutschland in die westliche Welt durch die Atlantische Allianz und den Einigungsprozeß Westeuropas. Beide waren nach den Worten des Historikers Michael Stürmer „ein Bollwerk gegen die deutsche Vergangenheit und die sowjetische Gegenwart“.

Zu Recht bemerkt Theo Sommer in der Zeit Nr. 25 v. 12. Juni 1992 (Europa – Schreckbild oder Horizont der Hoffnung?), die europäische Idee sei älter als der Kalte Krieg. Sie sei in den blutigen Schlachten des Ersten Weltkrieges entstanden. Europa sei nicht nur ein Instrument zur Abwehr des Kommunismus, vielmehr brauchten die Europäer einen Horizont der Hoffnung – auch für die osteuropäischen Völker, die gerade von der kommunistischen Vorherrschaft befreit wurden. Trotzdem zwingen die letzten Ereignisse und die Stimmung in mehreren westeuropäischen Ländern, die Frage zu stellen: Wenn die Voraussetzung der sowjetischen Gefahr verschwunden ist, was bleibt von der Notwendigkeit der deutschen Verankerung im Westen und der Notwendigkeit der europäischen Einigung, diesen beiden Seiten der gleichen Medaille?

Diese Frage soll nicht falsch verstanden werden. Ich habe keine Traumwelt geschildert. Europa vor 1989, vor Deutschlands Wiedervereinigung ist nicht nachzutrauern.

Ich möchte nur unterstreichen, daß wir alle im Westen die Regeln der Welt von Jalta gut kannten und damit umzugehen wußten.

Unsere Regierungen haben in der Vergangenheit alles getan, diese Ordnung zu garantieren und beizubehalten. Sie haben versucht, alles zu vermeiden, was von den Machthabern auf der anderen Seite als Destabilisierung hätte verstanden werden können, insbesondere wenn es um Reformtendenzen ging. Deswegen auch hat man hier in der Bundesrepublik generell die Ablehnung des Regimes der DDR durch die dortige Bevölkerung unterschätzt und die Unterstützung der Opposition so gering wie möglich betrieben, um die sogenannten „Betonköpfe" nicht zu ermutigen.

Die deutsche Ostpolitik und die Schlußakte von Helsinki, deren Zweideutigkeit ich hier nicht im Detail abhandeln kann, haben die Doppelorientierung der westlichen Diplomatie in den siebziger und achtziger Jahren gekennzeichnet. Es ging damals darum, die Konsequenzen der Spaltung Europas zu mildern, nicht die Spaltung selbst zu überwinden. Das Bestehen des Kommunismus im Osten, wenn auch mit menschlichem Antlitz, wurde als Tatbestand akzeptiert.

Nicht nur das Feindbild ist jetzt verschwunden, sondern mit ihm auch der Feind selbst. Der ehemalige Katalysator der europäischen Einheit existiert nicht mehr, sodaß wir uns etwas anderes einfallen lassen müssen. Es gibt keine Regeln mehr, keine festen Überzeugungen. Die zwar immer wieder bedauerten, aber dennoch stabilen Prinzipien, die die Weltpolitik seit 1945 geregelt haben, gelten nicht mehr. Die nukleare Abschreckung zwischen den beiden Blöcken, die den Krieg undenkbar und unmöglich machen sollte, könnte an Wirkung verlieren, wenn Atomwaffen in zahlreichen autoritären Staaten verbreitet werden. Die Abrüstung ist nicht leichter, sie ist eher schwieriger geworden.

Dennoch sollten wir nicht die Chancen unterschätzen, zum ersten Mal in diesem Jahrhundert in Europa eine Friedensordnung zu schaffen, die nicht auf Herrschaft und Unterdrückung aufgebaut wäre. Die KSZE bietet trotz ihrer Schwächen dafür einen Ausgangspunkt. Sie darf aber die Europäer nicht davon abhalten, ihre Sicherheit in die eigenen Hände zu nehmen.

Im Westen wie im Osten sind wir vom Kommunismus befreit worden. Ganz Europa darf politische, wirtschaftliche und kulturelle Freiheit genießen. Wo wir uns in begrenztem Rahmen bewegen dürfen, im Westen immer noch viel mehr als im Osten, ist alles möglich geworden – für das Beste wie für das Schlimmste.

Was aber bedeutet diese Freiheit? Hat sie den gleichen Sinn im Westen wie im Osten, für den russischen Arbeiter wie für den Prager Intellektuellen?

„Wir müssen jetzt erkennen“, sagte auf der Buchmesse in Leipzig der polnische Schriftsteller Andrzej Szczypiorski, „daß ein polnischer Bauer nicht unter der Zensur litt, weil er gar nicht wußte, daß es sie gab. Er brauchte keinen Reisepass, weil er nicht reisen wollte. Er hatte andere Interessen. Die Interessen, in denen wir alle uns als verschworene Gemeinschaft verbunden glaubten, gibt es nicht.“

Ob diese Interessen durch die Demokratie befriedigt sind oder werden können, das ist die Frage der Stunde. Wir sind überzeugt, daß neue autoritäre Regime populistischer Prägung im Osten diesen Interessen nicht entsprechen. Aber Freiheit bedeutet noch nicht Demokratie. Sie schließt das Risiko ein, Versuchungen der Vergangenheit ausgeliefert zu sein oder die demokratischen Ansätze wieder zu zerstören durch Machtpolitik, durch Nationalismus und Chauvinismus, durch Antisemitismus und Fremdenhaß in einer Situation, wo das Feindbild nicht mehr draußen zu finden wäre, sondern innerhalb der eigenen Gesellschaft – wir brauchen nur an die Wahlerfolge der Rechtsradikalen in Frankreich, in Deutschland oder der Regionalisten in Italien zu denken. Das extremste Beispiel für den Rückfall in einen irrationalen Zustand ist selbstverständlich der Bürgerkrieg in Jugoslawien, aber ähnliche Verhältnisse sind anderswo in Europa oder in der GUS zu beobachten – wenn man auch zugeben muß, daß das russische Volk bis heute unter schweren Bedingungen eine sehr hohe Zivilcourage zeigte.

Die neue Situation in Zentral- und Osteuropa hat eine Senkung des Lebensstandards herbeigeführt. Das Kommandowirtschaftssystem ist zusammengebrochen, das neue ist schwer zu verankern. Die Planwirtschaft hatte eine gleichmacherische Armseligkeit hergestellt; die Anfänge der freien Marktwirtschaft haben Spekulation hervorgebracht und soziale Unterschiede produziert, und das könnte eine Welle von Umsiedlern und Zuwanderern auf den Straßen Europas bedeuten. Soziale Unzufriedenheit hat immer die Mythen von Heimat, Volk, Gemeinschaft, Abgrenzung den anderen gegenüber genährt.

Freiheit produziert nicht automatisch eine freiheitliche Gesellschaft. Eine moralische Ordnung könnte einer totalitären Ideologie folgen, wie sie die katholische Kirche in Polen vorzuschreiben versucht. Oder nehmen wir die Haltung der neuen baltischen Republiken zu ihren polnischen bzw. russischen Minderheiten: Es war richtig, die Unabhängigkeit der Balten Moskau gegenüber zu unterstützen (übrigens haben die westlichen Regierungen damit lange gezögert, um ihren Freund Gorbatschow nicht zu verärgern). Diese Unterstützung setzt aber nicht voraus, Verletzungen der Menschenrechte tatenlos hinzunehmen: Man muß den Widerspruch erkennen zwischen zwei Traditionen oder zwei Interpretationen der Menschenrechte, nämlich zwischen dem nationalen Selbstbestimmungsrecht und den Rechten des Individuums, zu denen auch die Rechte der Minderheiten gehören.

Demokratie bedeutet nicht nur die Möglichkeit, alle vier oder fünf Jahre frei das Staatsoberhaupt und das Parlament wählen zu dürfen. Sie bedeutet auch eine Organisation der Gesellschaft, die eine freie Entwicklung der Menschen ermöglicht und fördert. Sie bedeutet Institutionen und Mechanismen, die das Mitwirken der Bürger erleichtern. Ja, Demokratie setzt voraus, daß Menschen nicht Untertanen, sondern Bürger im Sinne der amerikanischen und französischen Revolution sind.

Nach vierzig, in der Sowjetunion sogar siebzig Jahren Kommunismus gibt es kaum Bürger. Ich erinnere mich an eine Anekdote von Helmut Schmidt, betreffend die Unternehmer in der ehemaligen UdSSR. Was braucht man, um einen Unternehmer zu machen, fragte der Altbundeskanzler in einem Vortrag in Berlin. Einen Unternehmer zu machen dauert erstens eine Nacht, dann zweitens neun

Monate und dann noch vierzig Jahre der Erfahrung. Es ist mit dem Bürger wie mit dem Unternehmer. Auch er braucht viele Jahre Erfahrung.

Das ist auch der Grund, weswegen wir keine Zeit verschenken dürfen und sofort mit der Bildung der Bürger beginnen müssen. Westeuropa hat hier eine unersetzbare Aufgabe. Es reicht nicht aus, Finanz- und Wirtschaftshilfe zu leisten (dies geschieht derzeit übrigens in einem unzureichenden Umfang). Wir dürfen die Hoffnungen unserer osteuropäischen Mitbürger auf Freiheit, Demokratie und kulturelle Entfaltung nicht enttäuschen. Der Rückschlag wäre sonst auch für Westeuropa lebensgefährlich.

Das ist leicht zu sagen, aber viel schwieriger zu machen. Eine Bedingung dafür ist, die Veränderungen in Kauf zu nehmen, die das Ende des Kommunismus in Osteuropa auch für Westeuropa herbeigeführt hat. Wir können nicht weitermachen, als ob nichts geschehen wäre. Wir müssen bereit sein, Opfer zu bringen. Aber schon hier in Deutschland kann man feststellen, wie schmerzhaft es ist, solche Opfer in Kauf zu nehmen, selbst wenn es um die eigenen Landsleute geht. Wir müssen die Völker Osteuropas in die Gemeinschaft der freien Völker, in die europäische Gemeinschaft aufnehmen und sie zur gleichen Zeit ohne Überheblichkeit und Besserwisserei ermutigen, die Kriterien der Demokratie zu respektieren. Nur so können wir die kulturelle Gemeinsamkeit ganz Europas unterstreichen.

Ob wir dieser Pflicht Genüge tun können, ist immer noch fraglich. Der Rückkehr der Nation und des Nationalstaates als höchsten Werten mit allen schrecklichen Folgen ist in Europa leider nicht auszuschließen. Die Westeuropäer stehen vor der schwierigen Aufgabe, das seit dem zweiten Weltkrieg Erreichte zu bewahren und es gleichzeitig zu teilen mit den Osteuropäern, die vierzig Jahre lang künstlich und gewaltsam vom Wohlstand und der Zusammenarbeit ferngehalten wurden.

Die Zeit der Begeisterung und der Illusionen ist schon lange vorbei. Der Kommunismus hat eine politische, wirtschaftliche und intellektuelle Leere hinterlassen, die durch irgendwelche reaktionären Ideologien und schlichten Rezepte ausgefüllt werden könnte. Westeuropa hat keine fertige Ideologie mehr anzubieten, und das ist auch gut so. Wenn es nur die Sehnsucht und das Streben nach Freiheit und Wahrheit, nach Menschenrechten und Demokratie anzubieten hätte, als Beispiel und als Hilfsangebot, dann wäre die Zukunft nicht ohne Risiko, aber doch voll von Hoffnungen.

Dieter Kramer

Eine neue Agenda für Europa

1. Eine umfangreiche Traktandenliste

Das verunsicherte Europa sucht wortreich nach seinem neuen Selbstverständnis. Es gibt eine Menge von Problemen, für die es seit dem Ende der stabilen Ost-West-Konfrontation keine griffigen Lösungen gibt – kein Schwarz-Weiß-Schema, keine Rezepte, keine rettende Hand von anderswo. Läßt man die Europa-Diskussionen des Frühjahrs und Sommers 1992 Revue passieren (die Römerberggespräche waren dafür nur ein Fokus – aus ihren Diskussionen stammen die folgenden einzelnen Personen zugeordneten Argumente dann, wenn keine besondere Quelle angegeben ist – als Bestandteile einer lebendigen Diskussion sind sie nur begrenzt zitierfähig), so schält sich eine Agenda, eine Traktandenliste für Europa heraus, die keineswegs leicht abzuarbeiten, aber immerhin formulierbar ist und auf politische Gestaltung wartet: Europa muß umsetzbare Zielvorstellungen und Perspektiven seiner ökonomisch-ökologischen Entwicklung suchen, es muß eine handlungsfähige und akzeptierte politische Gestalt finden, und es muß seinen Platz in der Welt bestimmen und sichern.

Voraussetzung für alles ist die schon in der Einleitung thematisierte Ausnüchterung nach der Phase der Freiheits- und Siegestrunkenheit. Sie wird erleichtert durch den Schock des Dänischen Nein zu den Maastrichter Verträgen. Die auch in anderen Staaten bei der Bevölkerung gewachsene Skepsis diesem Europa gegenüber verlangt den Übergang von der unitarischen Wirtschaftsunion zu einer demokratisch nicht nur formal legitimierten, sondern auch inhaltlich konstituierten und lebendigen politischen Union – eine nicht leicht zu lösende Aufgabe, wenn gleichzeitig eine Krise der politischen Institutionen innerhalb der Staaten erkennbar ist: Die Parteiendiskussion in der BRD ist keine Singularität.

In der Ökonomie geht es nicht um punktuelle Krisen, sondern um grundsätzliche Strukturen. Weil die Normalität auch einer Marktgesellschaft nicht exponentielles Wachstum sein kann, steht auf der Agenda für Europa die Aufforderung, sich der Normalität einer mehr auf qualitative und umweltbezogene nachhaltige Entwicklung statt auf quantitatives Wachstum bezogenen Wirtschafts- und Lebensform anzubequemen – mit all den Bremsspuren, die das in Wirtschaft, Politik, Konsum und auch im Sozialen haben wird.

Die Frage, wie mit den osteuropäischen Staaten umzugehen ist, gehört schon fast zu den inneren Problemen Europas, während die Frage nach seiner Rolle in der triadischen Struktur zusammen mit Japan und den USA nicht trennbar ist von seinen Beziehungen zur übrigen Welt. Wahrnehmung von globaler Verantwortung nennen die einen, was für die anderen der Umgang mit den Folgen der eigenen expansiven Wirtschaftsweise ist.

Die aktuellste Gestalt, in der diese Themen sich bündeln, sind die kriegerischen Konflikte am Rande und in Teilen des Halbkontinentes.

2. Nationalismus als Irrsinn, oder was?

Erschreckt vernehmen die Mitteleuropäer ein in dieser Form lange nicht mehr gehörtes Kriegsgrollen in ihrer unmittelbaren Umgebung. Während früher lokale Konflikte auf dem Balkan (genau wie sonstwo in der Welt) nur unter der Drohung der weltweiten Eskalation vom Zaun gebrochen werden konnten, werden seit über einem Jahr regionale Konflikte ungehindert mit Waffen ausgetragen, Städte zerbombt, Kriegsführende und Zivilisten umgebracht, Flüchtlingsströme produziert – und selbst die Entrüstung darüber bleibt lange in Förmlichkeiten stecken, weil die Mitteleuropäer sich in der Sicherheit wiegen können, daß diese Kriege in ihren Grenzen bleiben. Wir gehen in Gemütsruhe zum Jugoslawen essen, während in diesem Land öffentliche Ordnung und alle Sicherheiten zerfallen, Menschen ihrer Religion, ihrer Kultur und ihrer Ethnizität wegen vertrieben, terrorisiert, eingekesselt, umgebracht werden.

Dem intellektuellen Beobachter erscheint dies alles als „realer Irrsinn". Die einfachste Lösung scheint daher, es als einen Ausbruch von Unvernunft abzutun und zu hoffen, daß durch die Mobilisierung der Vernunft, durch Predigten oder gegebenenfalls durch den heilsamen Zwang einer kurzen, aber kräftigen Intervention (am besten aus der Luft) die Vernunft sich wieder durchsetzt.

Ehrlicher ist es dann schon, wie Hermann Beland in dem hier abgedruckten Beitrag, von der Wiederauferstehung alter Geister zu reden, denn damit wird anerkannt, daß zu uns gehört, was sich dort abspielt: Noch 1866 schossen auch Deutsche auf Deutsche, nur ein gütiges Geschick hat uns von 1949 bis 1989 vor ähnlichem bewahrt. In anderen Teilen des aufgeklärten Westeuropa finden ebenfalls regionale Bürgerkriege statt (wie in Nordirland), gibt es ethnisch-kulturelle separatistische Bewegungen, entwickelt sich ein militanter regionaler Separatismus (wie z. B. in Italien die „Lega Nord").[1]

3. Verliererregionen im asymmetrischen Modernisierungsprozeß

Aber vielleicht lohnt es sich auch, darüber nachzudenken, wieweit unsere friedliche westliche Welt mitverantwortlich ist für das, was sich anderswo abspielt.

Europa wundert sich über die brutalen Nationalismen mancher Regionen, ist aber gleichzeitig kraftvoller Akteur in internationalen Prozessen, in denen es selbst ähnlich vorteilnehmend-egoistisch handelt. Es sind, lesen wir in einer Datensammlung der Stiftung „Entwicklung und Frieden",[2] die „Staaten – und darunter besonders die ökonomisch und militärisch mächtigen – nach wie vor die eigentlichen politischen Subjekte der Weltpolitik". Die meisten von ihnen müssen sich mehr an globale Entwicklungen anpassen, als daß sie sie aktiv beeinflussen könnten. Die mächtigen führenden westlichen Industrienationen sind die privilegierten Akteure, aber auch ihre Position wird zunehmend gefährdet und scheint neue Strategien der Sicherung ihrer Macht und Privilegien zu erfordern. Für sie wachsen die globalen Aufgaben „schneller als die internationalen Handlungsmöglichkeiten eines einzelnen Staates“.[3]

Zu den derzeit wirkungsmächtigsten politisch-ökonomischen Trends gehört die Verselbständigung der Weltfinanzmärkte als „am meisten integrierter und deregulierter Teil der Weltwirtschaft“, dessen Funktion, „die bedrohte Liquidität von Schuldnern und Gläubigern zu sichern“[4], wichtiger geworden ist als die der Finanzierung materieller Produktions- und Austauschprozesse. Alle Staaten, die starken wie die schwachen, stehen unter ihrem Druck.

Interdependenzen und Transnationalisierungsprozesse nehmen im Weltmaßstab zu, aber diese Globalisierung ist ein asymmetrischer Prozeß.[5] Der Ökonom und Krisentheoretiker Robert Kurz hat als „ökonomistischer Störenfried“ darauf hingewiesen, daß die durch diese Asymmetrie hervorgerufenen „Verliererkatastrophen“, mit produziert von einer Modernisierung, die die Geschäftskosten exportiert, für die armen Staaten nicht folgenlos sein können.

Die Warengesellschaft, so Robert Kurz, hat alte Identitäten entwurzelt, aber nicht beseitigt. Sie werden in den Status der Äußerlichkeit und Beliebigkeit gerückt, bleiben aber bestehen. Ihren Bürgern zwingt die Warengesellschaft die neue Identität des universellen Geldverdieners auf. Wenn nun diese Warengesellschaft einer wachsenden Zahl von Menschen die Fähigkeit nimmt, als Konkurrenzsubjekte im Markt zu agieren oder sie gar nicht erst in diesen Status gelangen läßt, dann ist es nicht verwunderlich, wenn diese Menschen versuchen, auf die alten entwurzelten Identitäten zurückzugreifen, um in irgendeiner Weise sich überhaupt Raum zum Atmen und zum Leben zu schaffen. Resultat ist dann allerdings nicht, daß diese Identitäten ihre alten Festigkeiten zurückgewinnen, sondern es entsteht der von Konrád skizzierte „kichernde Wahnsinn“ (es mag freilich sein, daß die Nationalismen des frühen 19. Jahrhunderts von den Vertretern der multinationalen Reiche ähnlich interpretiert wurden).

Der Nationalismus war bis zur Mitte dieses Jahrhunderts ein Phänomen, das immer mit Nationalökonomien und staatlicher Integration vermittelt war. Er war eine Kraft der gesellschaftlichen Synthetisierung. Jetzt ist der neue Ethno-Nationalismus ein Phänomen der Desintegration von Nationalstaaten und Nationalökonomien. Vielleicht ist deshalb die italienische „Lega lombarda“ ein politisches Paradigma mit mehr zukünftiger Wirkungsmächtigkeit als die deutschen Republikaner, weil für sie die Desintegration des italienischen Nationalstaates auf dem Programm steht.

“Aus den vom Weltmarkt hinterlassenen Ruinen aber sprießt der Giftpilz eines tertiären Nationalismus“, der, meint Kurz, „reines Zerfallsphänomen ohne jede historische Perspektive“ ist. Kleinere relativ wohlhabendere Regionen trennen sich von ärmeren, weil sie sich auf diese Weise besser am Weltmarkt zu behaupten hoffen. „Überall ist das Problem abgeschwächter oder versiegender staatlicher Umverteilungskompetenz die treibende Kraft.“ Der Bürgerkrieg ist damit in vielen Fällen vorprogrammiert.[6]

Es ist beeindruckend, in solchen Argumentationen die Subjektlosigkeit herrschender Trends von Ökonomie und Markt vorgeführt zu bekommen. Es hat wenig Zweck, sich voluntaristisch über die Trends hinwegzusetzen – die Suche nach Spielräumen für offene Handlungsmöglichkeiten darf die Realität nicht verdrängen.

Nicht der weggenommene kommunistisch-autoritäre Deckel ist es, der die Nationalismen zum Überkochen bringt, sondern die ökonomische Krise, verbunden mit der Auflösung der zentralen Macht, so könnte man die Position von Robert Kurz zusammenfassen.

Das alles läßt sich nicht bruchlos übertragen auf den Balkan. Insofern reicht diese Interpretation nicht aus. Nur dort, wo wegen der Schuldenkrise öffentliche Haushalte und öffentliche Ordnung zusammenbrechen, greift dieser Erklärungsansatz unmittelbar. Daher werden auch noch andere Begründungen genannt: die Medien, die politischen Klassen, die von 1918 weiterwirkenden Defizite und Strukturen usf. Aber befriedigende Erklärungen jenseits der nichts erklärenden Beschreibung des Zerfalls der staatlichen Integration und öffentlichen Ordnung haben auch die Römerberggespräche nicht für die Exzesse einer sich verselbständigen Gewalt, praktiziert von ganzen Armeen und von Wochenend-Rambos. Vielleicht aber ist das alles auch nur eine Bestätigung dafür, daß Geschichte, auch wenn es um Verliererkatastrophen auf dem Weltmarkt geht, immer konkret ist.

4. Die Voraussetzungen der staatlichen Handlungsfähigkeit

Über die gesellschaftliche Wirklichkeit von Zerfallsprozessen macht man sich in den Prosperitätsgesellschaften vermutlich zu wenig Gedanken. Robert Kurz empfiehlt, einmal darüber nachzudenken, was geschehen würde, wenn z.B. in der Schweiz eine ökonomische Krise ausbräche, die Polizei nicht mehr bezahlt werden könnte, die öffentliche Ordnung und die zuverlässige Berechenbarkeit ihres Funktionierens nicht mehr gewährleistet wäre. Dies würde, meint Ernst-Wolfgang Böckenförde, keinen Zusammenbruch bedeuten, weil das Schweizer Modell auch schon vor der Blüte funktionierte. Aber nicht um die bloße Abwesenheit von Prosperität geht es, sondern um die wirkliche Krise.

Auch für Eric Hobsbawm genügt für die aktuellen Nationalismen nicht einfach das Erklärungsmodell „Irrsinn“. Er hat in Spanien oder Großbritannien mehr spontanen Nationalismus beobachtet als einst in Titos Jugoslawien. Was würde in Nordirland geschehen, fragt er, wenn Großbritannien sich zurückzöge? Dann käme es dort schnell zum offenen Bürgerkrieg zwischen den militanten Teilen der Gruppen wie in Bosnien. Die staatliche Zentralmacht als Ordnungsfaktor ist notwendig.

Die EG-Politik für den Balkan wird eingeschätzt als Rezept, den Bürgerkrieg permanent zu machen. Hilflos ist sie, weil sie die Probleme mit den Minderheiten in westeuropäischen Staaten ignorieren will und mit der gleichen Intensität auf die einheitsstiftenden Kräfte der Ökonomie setzt wie einst die Sozialisten davon ausgingen, daß die nationalen Gegensätze sich in und zwischen den Staaten der sozialistischen Staatengemeinschaft neutralisieren würden.

5. Identität und Nationalismus

Richard Sennetts Rehabilitation des „Entwurzelten“ ist eine Einrede gegen die überbordende Kultivierung von „Identität“. Das hebt Ivan Nagel dankbar hervor. Leben ohne Territoriumsbindung, ohne dauernde räumliche Beheimatung gehört zur möglichen Vielfalt menschlicher Lebensformen. Die Negativität, die Nicht-Identität ist Voraussetzung alles Werdens, aller Entwicklung, und sie zu akzeptieren ist ein *befreiender* Akt – ein solcher kann auch das Losreißen von den Wurzeln, die Entwurzelung sein, betont der italienisch-deutsche Schriftsteller Franco Biondi. Begegnung setzt Loslösung voraus, „erfahren“ hat auch eine räumliche Komponente. Wir sind, was wir durch andere sind – aber darin ist auch Historizität enthalten, die durch Sennetts Rekurs auf archetypische Figuren leicht übersehen wird, meint Walther Ch. Zimmerli, und allzu oft habe es in der Menschheitsgeschichte diese Chance zur positiven Wendung der Situation des Entwurzelten noch nicht gegeben. Der vollmobile homo americanensis sei noch nicht der Normalzustand.

Aus der Sicherheit der psychisch stabilen Persönlichkeit (zu deren stabilisierender Zentralerfahrung es gehört, in der frühkindlichen Entwicklung sich von der Mutter verstanden zu wissen) läßt sich auch das Fremde verstehen und mit dem Fremden umgehen, sagt der Psychoanalytiker Hermann Beland, und deshalb muß der Mensch Räume besitzen, in denen er sich verstanden fühlt. Aber erst aus der durch die Akzeptanz des Anderen bewirkten Verunsicherung der eigenen Persönlichkeit erwächst Toleranz, sagen andere, und ähnlich argumentiert auch Sennett: Ihm geht es um die Frage, wie sich denn ein menschliches Subjekt konstituiere, das in der Lage ist, etwas anderes als nur die Spiegelung seiner selbst in der Welt zu sehen. Für die Psychoanalyse ist die Sicherheit des eigenen Feldes immer die Voraussetzung für die Erkenntnis des Anderen, für Sennetts Philosophie verlangt der Prozeß des Erkennens des Anderen den Bruch mit dieser Sicherheit. Darin liegt für Sennett ein alter Streit zwischen Psychoanalyse und Philosophie. Vertrauen in die Anderen, Mißtrauen in die eigenen Vorurteile ist Voraussetzung für Toleranz und Multikulturalität.

Die psychoanalytische Interpretation des Fremdenhasses soll nicht von anderen sozialen und ökonomischen Erklärungsmustern ablenken, darin sind der Frankfurter Historiker Lothar Gall und Hermann Beland sich einig. Nur, wenn es um die Auflösung solcher Haltungen geht, dann wird die vorgeschlagene sozialpädagogische Arbeit von Streetworkern, fallweise ersetzt durch den Polizeiknüppel oder die gesellschaftliche Tabuisierung z.B. von ausländerfeindlichen Äußerungen, nicht genügen. Schon um eine solche Tabuisierung zu erreichen, bedarf es hoher Anstrengungen der sozialen und politischen Kultur. Vielleicht muß, wenn es um vorherrschende gültige Orientierungen in einer Gesellschaft geht, da doch die Politik mit ihrer Kunst der „Inszenierung“ für kollektive Orientierungen und Standards sorgen.

Wer den anderen haßt, schädigt sich selbst, sagt Hermann Beland als Psychoanalytiker. Das gilt auch für interkulturelle Prozesse – selbst wenn es dort andere Dimensionen gibt: Erwähnt wird der Modellfall Holland als nationaler Befreiungskrieg, bei dem, wie einst auch in der Schweiz, die Freiheit nicht gegen ein anderes Volk, sondern gegen eine Zentralmacht erkämpft wurde und einen außerordentlichen Vitalitätszuwachs und eine Begabungsexplosion bedeutete. Das aber ist vielleicht eine idealisierende Außenperspektive, denn aus der Binnensicht wirken Befreiungskriege auch anders. Entweder sind auch sie „Irrsinn“, oder etwas von dem, was sich da abspielt, ist in widerspruchsreicher Weise auch Bestandteil der neuen Nationen- oder Regionenkämpfe.

6. Wechselseitig akzeptierte Ungleichheit

Es gibt, außer den eigenen Verstrickungen und latenten Potentialen, noch andere Gründe, die Frage des Aufbrechens der nationalen und regionalen Unterschiede in Europa differenziert zu behandeln. Wenn „Vielfalt" für Europa mehr sein soll als eine Beschwörungsformel oder dekorative Floskel von Sonntagsreden, dann muß sie ernst genommen werden.

Vieles deutet darauf hin, daß die Regionalität in dem Maße notwendigerweise aufgewertet wird, wie die Nichtübertragbarkeit des westlichen Wohlstandsmodells erkennbar wird. Wenn nicht mehr alle einem einzigen Modell nacheifern können, dann werden differente Modelle neu gewichtet, und das geht nicht ohne die Verstärkung des Unterschiedes eigen/fremd. Daß dies umso eher ohne Aggressivität möglich ist, je weniger alle einem einzigen Modell der Lebensweise nacheifern, möchte ich unterstellen.

Einige Stichworte müßten in diesem Zusammenhang diskutiert werden: Akzeptierte Ungleichheit (wie sie etwa auch als Differenz zwischen den Lebensphasen in anderen Zusammenhängen eine zunehmende Rolle spielen könnte) zwischen verschiedenen Lebensweisen wertet innerhalb der Gesellschaft nicht nur diese Lebensweisen auf, sondern verlangt auch mehr Toleranz – aber das ist ohnehin ein aktuelles Gebot. Innerhalb einer Kulturgemeinschaft würde dies z. B. die Aufwertung der verschiedensten Formen des „Aussteigens" empfehlen, statt sie administrativ einzuschränken.

Auch in anderer Beziehung erleben wir Prozesse, in denen Regionalität aufgewertet wird. Erkennbar wird dabei, daß die Region nicht ethnisch homogen gedacht werden braucht, ja darf. Eine solche Homogenität war ohnehin auch historisch kaum jemals realisiert. Die meisten spätmittelalterlichen und frühneuzeitlichen Gebietskörperschaften waren multikulturell und hatten entwickelte sozialkulturelle Formen des Umganges verschiedener Kulturen und Ethnien miteinander. Was ein neues Gewicht erhält, sind vielmehr die regionalen Bezugssysteme bis hin zur Re-Regionalisierung ökonomischer Prozesse in den „kleinen Kreisläufen" der „eigenständigen Regionalentwicklung".[7]

In den neuen fünf Bundesländern beobachten wir derartige Prozesse. Die deutsche „Einheit ohne Gleichheit", wie Friedrich Schorlemmer vorwurfsvoll sagt,[8] wird kompensiert durch Regionalität: Vordergründig geschieht dies mit dem Stammtisch-Patriotismus der Bier-Werbung „Unser Land, unser Bier" (wie man sie im Juli 1992 sehen kann). Aber etwas anderes wird daraus, wenn Kurt H. Biedenkopf programmatisch dafür plädiert, sich zu verabschieden von der Aufholjagd und das Ziel der „vergleichbaren Lebensverhältnisse" aufzugeben, statt dessen einer „betonten Identität" mehr Gewicht zu verleihen.[9] Vielleicht gibt oder gab es doch schon zwei Nationen in Deutschland, fragt Ernst-Wolfgang Böckenförde. Die Kulturwissenschaft redet freilich schon lange vom Parallellogramm unterschiedlicher Kulturen, die jeweils in einer Gesellschaft existieren, und sie spricht im Rahmen eines dynamischen Konzeptes von Ethnizität von sich auch heute abspielenden „ethnischen Prozessen", die vielleicht aber mit Begriffen wie „Volk" und „Nation" nicht mehr ausreichend beschrieben werden können.

Aufwertung der Differenz bedeutet innerhalb der neuen Bundesrepublik nicht, von dem Verfassungsgebot der Herstellung „gleichwertiger" Lebensbedingungen Abstand zu nehmen, es bedeutet vielmehr eine gründlichere Interpretation dieser Formel. „Gleichwertigkeit" meint nicht „gleiche" Lebensbedingungen, sondern allenfalls (so auch Biedenkopf) vergleichbare, besser noch: in gleicher Weise Integrität und Würde der Lebensform ermöglichende Bedingungen. „Die konsequente Berücksichtigung qualitativer, zukunftsorientierter Aspekte bei der Organisation von Wirtschaft und Gesellschaft könnte die Lebensqualität in den neuen Bundesländern spürbar erhöhen, ohne daß sich dies in vollem Umfang in der volkswirtschaftlichen Gesamtrechnung niederschlagen würde."[10]

Diese Akzeptanz von Unterschieden ist für Deutschland nicht unbedingt etwas Neues. Es wird nur offen anerkannt und bestätigt, was ohnehin Alltag ist: „Eine einheitliche Lebensqualität – ökonomisch ausgedrückt –

hat es selbst in Westdeutschland nicht gegeben und wird es nicht geben. Wir haben in Westdeutschland ... Einkommensunterschiede von 1:2 gehabt und Lebensstandardunterschiede von 10:7,5."[11] Und anderswo brauchen wir die Unterschiede sogar: Attraktive Tourismusregionen, die keine Feriengettos produzieren, leben davon, daß sie anders als die Herkunftsregionen der Touristen sind, gleichwohl aber von selbstbewußten und kulturell eigenständigen Menschen bewohnt werden.

Das Ganze läßt sich auf Europa übertragen. Willy Brandt plädiert für ein Europa „unterschiedlicher Dichte".[12] Wenn Meinhard Miegel, potentielle Unterschiede hervorhebend, meint, Osteuropa habe „Seele" als Spezifikum zu bieten, dann ist das vielleicht noch zu oberflächlich und kann von Robert Kurz leicht mit dem Hinweis relativiert werden, daß Seele nicht konkurrenzfähig sei. Aber im Rahmen eines ausgearbeiteten Konzeptes wechselseitig akzeptierter Unterschiede haben solche Gedanken vielleicht Zukunft.

Was Biedenkopf in bezug auf Deutschland ausgeführt hat, könnte leicht auf internationale Verhältnisse übertragen werden: Auch hier wären, wenn das Ziel der „Nachhaltigkeit" oder „Dauerhaftigkeit" der Entwicklung im Vordergrund stünde, durchaus unterschiedliche Niveaus tolerierbar. Das bedeutet eine Relativierung des Konzeptes von „Entwicklung" – ohnehin eine überfällige Aufgabe.[13] Und irgendwann käme man dann dazu, im internationalen Rahmen nicht Entwicklungshilfe, sondern internationalen Staatenfinanzausgleich zu fordern und zu zahlen – warum soll nicht weltweit praktiziert werden können, was in der Bundesrepublik zum Standard der politischen Kultur gehört und dort die Entstehung von wirklichen „Armenhäusern" und Notstandsgebieten verhindert (wir erinnern uns: im 19. Jahrhundert, ja noch in der Weltwirtschaftskrise gab es innerhalb Deutschlands ganze Regionen, in denen Menschen aus Armut verhungerten!).

Innerhalb einer solchen Konzeption der „tolerierten und akzeptierten Differenz" gibt es dann allerdings auch unterschiedliche Positionen: solche, die der Fiktion der ethnisch oder kulturell homogenen Nation oder Region anhängen; solche, denen soziale Unterschiede gleichgültig sind; solche, die darin vor allem den ökonomischen Nutzen sehen (diskutiert man doch schon über den Einfluß wirtschafts- und arbeitskultureller Faktoren auf Wirtschaft und Beschäftigung), ferner Modernisierungs-Varianten, multikulturelle mit und ohne sozialem Touch, usf.: Die Gegensätze brechen innerhalb dieses neuen Denkens auf, nicht zwischen Regionalismen und modernisierungssüchtigen Globalismen.

7. Der „Dissens-Ermöglichungs-Pluralismus"

Unterschiede in dieser Art aufzuwerten verlangt einen sozialkulturellen Unterbau nicht nur bei der Verständigung über das eigene Profil, sondern auch beim Umgang mit der Vielfalt. Die Fähigkeit dazu ist keine Selbstverständlichkeit – ja, man kann sogar sagen, daß Europa trotz oder wegen seiner vielen Vergangenheiten der am wenigsten Pluralismus gewohnte Kontinent ist. Richard Sennett ist erstaunt, wie schlecht ausgestattet die mitteleuropäischen Intellektuellen für diese kulturelle Pluralität sind. Sie müssen Pluralismus lernen, und das verunsichert. Es ist ein Prozeß des Wertewandels.

Eine Einigung Europas ist nur pluralistisch zu denken. Die ausgehend von Walther Ch. Zimmerlis Referat sich rasch verbreitende Vokabel des „Dissensermöglichungspluralismus" (ein den Dissens ermöglichender und tolerierender Pluralismus) wird von dem Gießener Soziologen Helmut Dubiel aufgegriffen und vertieft: Die Postmoderne registriert die Zunahme der auch konflikthaften Pluralität von Positionen, und Linke wie Liberale treffen sich in dem Versuch, Strukturen und Institutionen zu suchen, in denen Konflikte unterhalb der Stufe der Gewalt behandelt werden können. Welches Maß an solchen Konflikten kann Europa integrieren? Von dem anstrebenswerten „Pluralismus zweiter Stufe" wird mehr verlangt als vom einfachen. Es gibt kein reales oder imaginäres Allgemeines mehr, auf dessen Boden man sich trifft. Wie radikal muß dieser Pluralismus sein, um bei einem geringen unstrittigen normativen Bereich noch integrieren zu können? Wie lassen sich heute auch materielle Interessenkonflikte unter dem Druck realer Probleme so bearbeiten, daß sie nicht in Gewalt umschlagen? Die effektive Verwaltung allein kann das nicht leisten, auch nicht das von dem Frankfurter Verfassungsrechtler Erhard Denninger zitierte Modell, in dem Technologie und entsprechende Verwaltung die Probleme lösen sollen.

Walther Ch. Zimmerli bestätigt, daß der „unstrittige Bereich" immer kleiner wird und die Menge der inhaltlichen Vorgaben so gering wie möglich gehalten werden muß. Vielfach beschränken sie sich auf die formalen Verfahren, die konsensuell regeln, wie Streit auszutragen ist. Neue Formen gehören dazu; sinnvoll sei es z. B. wohl, Staatsfunktionen nach unten, z. B. auf die kommunale Ebene zu delegieren (und damit auch Wahlrecht für Ausländer zu erleichtern), um auf der gesellschaftlichen Ebene (z. B. in „konziliaren Prozessen") Entscheidungen so zu treffen, daß sie nicht der Zustimmung der politischen Ebene, der Parlamente bedürfen.

Claus Leggewie bahnt von hier aus den Weg zu den kulturellen Öffentlichkeiten, indem er in einer triadischen Figur den „idealen Dritten" als Intellektuellen, Fremden (Simmel) oder Staat dem klassischen Freund-Feind-Schema hinzufügt. Er hat die Streithähne auf institutionalisierte Weise zu trennen. Eine solche komplex integrierende Funktion wurde in Osteuropa in der Übergangsphase auf eindrucksvolle Weise von den „runden Tischen" wahrgenommen.

Aber läßt der Markt als „subjektlose Realstruktur" wirklich eine solche Pluralität zu? Das fragt Robert Kurz und deutet damit an, daß der „Realdogmatismus der Rentabilität des Geldes" nicht so einfach von anderen Logiken überwunden werden kann. Wenn die Kosten für die arbeitskraftsparenden und den Zugang zum Weltmarkt garantierenden Technologien von den Verliererregionen nicht mehr aufzubringen sind, wenn die blinde subjektlose Logik der Ökonomie den Menschen die Ressourcen aus der Hand schlägt, dann werden die runden Tische umgestoßen, dann hat der Pluralismus ausgespielt. Auch das wäre eine Antwort auf die Frage, wo denn die Grenzen des intellektuellen Diskurses liegen.

Meinhard Miegel bestätigt: Pluralismus ist am wenigsten wahrscheinlich in Gebieten der Religion und in wichtigen ökonomischen Bereichen. Robert Kurz' Interpretation der totalitären Warengesellschaft mit ihrem nicht problematisierbaren quasireligiösen Onto-Text und der von ihr erzwungenen Entzauberung der Welt findet hier ihre Bestätigung.

8. ... auch im Umgang mit Muslimen

Gerade bei der Religionspluralität ist im heutigen Europa ein Dialog zwischen den Religionen und Weltanschauungen angesagt, der die Unterschiede akzeptiert. Die Diskussion zwischen Claus Leggewie und Hans A. Fischer-Barnicol hat einige diesbezügliche Probleme erkennen lassen. Fischer-Barnicol hält es für wichtig, im Dialog mit dem Islam auf der Gemeinsamkeit des Gottes der drei abrahamitischen und monotheistischen Religionen zu beharren und nicht zu akzeptieren, daß die Vorstellung vom dreieinigen Gott von den Muslimen als Vielgötterei denunziert werde. Er hält es für unstatthaft, von den Religionen den Verzicht auf einheitsstiftende Sinngebung zu verlangen, und zwar aus Respekt vor den Menschen, die durch die Geschlechterkette der Menschheit als Buddhisten, als Muslime, als Juden, als Christen oder sonstwie Sinn empfangen haben aus dem Offenbarungsgeschehen des absoluten Geheimnisses, das frei ist, sich zu zeigen, wem immer es will. Was wir erfahren, und weshalb sich die Religionen vielleicht friedensunfähig schwer tun, sich zu verständigen, ist, daß sie sich einem Anspruch ausgesetzt fühlen, der rückhaltlose Antwort zu verlangen scheint. Sie müßten lernen, daß der eine Gott verschiedene Sprachen spricht.

Es sei wenig hilfreich, in der Manier säkularen Journalismus ironisch über unsere Theologie zu reden, meint Fischer-Barnicol. Die frommen Muslime hätten kein

Interesse daran, mit dem säkularisierten Mitteleuropäer ins Gespräch zu kommen, warteten aber verzweifelt auf die Dialogbereitschaft der christlichen Kirchen. Christen könnten nach dem Sinn der Säkularisierung unserer Gesellschaft fragen, weil sie vermuteten, daß Gott, der sie dahin geführt hat, etwas damit verbindet, was Sinn hat. Das wäre die einzige Position, die wiederum dem Islam nahelegen könnte: Ihr müßt auch durch dieses Purgatorium der Relativierung aller Kategorien und Begriffe eures Glaubens und seiner Reflexion hindurch. Vielleicht könnten die Christen aus ihrer Erfahrung den Muslimen Hinweise geben, wie mit der Säkularisation theologisch umzugehen sei.

Hermann Beland hofft, daß auch mit der theologischen Diskussion des Wahrheitsbegriffes es einmal möglich werde, Kategorien des gemeinsamen Umganges zu finden. Claus Leggewie will sich nicht dadurch in die Schranken verweisen lassen, daß Haltungen wie die seine nicht einem offenbarungsgläubigen Christen oder Muslim zu vermitteln seien. Es komme darauf an, für den Diskurs (allerdings auch für den zwischen Gläubigen und Ungläubigen) Sphären in der Gesellschaft zu schaffen – Sphären, in denen trotz der Unvereinbarkeiten das Gespräch über die Konsequenzen der jeweiligen Haltungen möglich ist. Es müsse sie geben in einer Gesellschaft, damit wir uns trotz der Unvereinbarkeiten und der Dissenspunkte unterhalten können. Der Westen werde jedenfalls, da fremde Religionen nun einmal hier präsent seien, nicht ungeschoren davonkommen.

9. Die Krise des Politischen

Marion Gräfin Dönhoff vermißt in außergewöhnlicher Situation die großen Politiker mit dem Willen zum Handeln,[14] und Thomas Schmid denkt darüber nach, daß nach dem Ende des „Kalten Krieges“ die Politik ungleich stärker gefordert ist als vorher – und da versagt sie.[15] Im Frühsommer 1992 entdeckt die bundesdeutsche Öffentlichkeit auf breiter Ebene die Krise der Parteien. Sie korrespondiert auf globaler Ebene mit der Krise der politischen Institutionen, die der Club of Rome feststellt. In seinem Bericht von 1991 lesen wir: „Die Demokratie ist kein Patentrezept. Sie kann nicht alles organisieren, und sie kennt ihre eigenen Grenzen nicht. Diesen Tatsachen muß man sich stellen, auch wenn es blasphemisch klingen mag. In ihrer heute praktizierten Form ist die Demokratie für die vor uns liegenden Aufgaben nicht mehr besonders gut geeignet."[16] Konkret ist damit freilich die Krise der parlamentarischen Regierungsformen gemeint, denn wir lesen auch: „Eine dynamische Welt braucht ein wirksames Nervensystem auf der untersten Ebene, um nicht nur das größtmögliche Spektrum an Inputs zu sichern, sondern auch eine Identifikation aller Bürger mit dem gemeinsamen Regierungsprozeß zu ermöglichen." Bundespräsident Richard von Weizsäcker hat mit Äußerungen, die unvergleichlich viel harmloser als die Ergebnisse der Scheuch-Studie über die Parteien vom Frühjahr 1992 waren, den Zorn (oder hilflose Reaktionen) der Parteistrategen hervorgerufen.[17]

Die Krise der Politik scheint mehr als Politikverdrossenheit, die durch Fatalismus verstärkt wird. Es ist auch mehr als eine Wahrnehmungskrise, verursacht durch „verdammte 68er", die verhindern, daß unsere Gesellschaft von den Jüngeren als hoffnungs- und perspektivenreiche Reperaturgesellschaft statt nur als Risikogesellschaft interpretiert wird. Robert Kurz hatte in der Diskussion mit Hobsbawm und Miegel gefragt, ob wir es nicht auch mit einer strukturellen Krise zu tun haben, wenn die alten politischen Systeme funktionsunfähig werden. Vielleicht werde die politische Sphäre überhaupt funktionsuntüchtig, weil diejenigen, die aus dem Produktionssystem herausfallen, in den üblichen politischen Formen nur ungenügend berücksichtigt werden. Die Transformation der Interessen von warenproduzierenden Menschen in staatliches Handeln hinein kann so nicht mehr funktionieren.

Wo wird Politik gemacht, fragte Henrich von Nussbaum, und Meinhard Miegel bestätigt mit bemerkenswerten Hinweisen, die einen einst eher angegriffenen weiten Politik-Begriff beinhalten, daß sie nicht in der Regierung gemacht wird: So wie wir in der Ökonomie mit unseren von der Tradition gefangenen Augen nur die Symptome der Krise sehen, obwohl es in Wirklichkeit boomt, allerdings anders als gewohnt, so sei es auch in der Politik – die Menge der Politik ist gleich, sie wird nur an anderen Orten betrieben. Wir vermuten Politik im Bundeskanzleramt oder sonstwo, aber da wird sie nicht gemacht, sondern dort, wo wir sie nicht vermuten und beobachten. Als im Vorstand einer der Großbanken über die Frage einer ungenügenden Politik und zu schwacher Führung diskutiert wurde, da meinte ein Sprecher des Vorstandes: Ach wissen Sie, wir schaffen uns unser politisches Umfeld selbst.

Ein solcher Ausspruch ist kaum verwunderlich, wenn Umsätze von der Größenordnung des Bundeshaushaltes von einer Handvoll von Aufsichtsratsmitgliedern dirigiert werden. Dies müßte als Provokation, als Selbstaufgabe der Politik empfunden werden, aber es wird viel zu selten Gegenstand der Diskussion.

10. Medienapokalypse oder neue anthropologische Situation?

Ein besonderer Aspekt der Krise des Politischen sind die Medien. Vielleicht ist die Krise der Politik ja wirklich in bedeutenden Teilen eine Krise der Wahrnehmung, wie Hans-Peter Riese meint. Aber andere erkennen auch einen Wechsel der Rollen zwischen Politik und Medien: Die Politik macht etwas, was einst Aufgabe der Medien war, nämlich Staatsschauspiel zu inszenieren. Die Medien dagegen machen Politik. Immer wieder wird auf das Beispiel jenes Frankfurter Weltblattes hingewiesen, das die deutsche und die europäische Politik für die frühzeitige Parteinahme in den Auseinandersetzungen im zerfallenden Jugoslawien konditioniert hat. Allerdings stellt sich mit Recht die Frage: Wieso kann ein Weltblatt auf diese Weise Weltpolitik machen?

Von einer „Informationskrise“ spricht Henrich von Nussbaum und bezieht sie auf die Vermittlung von Realität. Trotz außerordentlicher Informationsfülle ist die Verläßlichkeit und Qualität der Informationen gesunken – siehe das Versagen der Informationsdienste im Kalten Krieg: Jeder behauptet, nicht gewußt zu haben was jetzt bekannt wird. Eine Krise der Information steht auch hinter der Desinformationspolitik im Golfkrieg. Die privatwirtschaftliche Verfaßtheit der neuen Medien bedeutet gleichzeitig einen außerordentlichen „Reizschwellensteigerungsbedarf“ und evoziert damit völlig neue Dimensionen der medialen Kommunikation. Steht uns mit den neuen Verfaßtheiten der Medien eine neue Stufe der Zivilisation ins Haus, oder ist das nur ein gradueller Unterschied? Auch das spielt in der europäischen Politik eine Rolle.

11. Festung Europa oder globale Mitverantwortung

Europa ist nach dem Ende der Ost-Westkonfrontation, in der sich der eine total, der andere fast zutodegerüstet hat, nicht mehr in der Rolle des schutzbedürftigen Junior-Partners, sondern eigenständige Kraft. Und wundert sich über die ihm zuwachsende Rolle.

Willy Brandt warnt wegen der aktuellen Konfliktfelder vor nationaler oder europäischer Nabelschau und fordert Weit- und Weltblick für die „Vision einer Welt ohne Grenzen und Vorurteile“.[18] Die Analyse bestätigt die Schwierigkeit dieser Perspektive: Soziale Chancengleichheit bleibt auf „absehbare Zeit“ ein Traum, dem man immerhin noch mit fairer internationaler Lastenverteilung und gemeinsamen Anstrengungen näher zu kommen glaubt. Aber die Frage der Sicherung der Lebenssphäre im Rahmen einer „nachhaltigen Entwicklung“ muß auch gelöst werden.

Vorsichtig und nur als Wissenschaftler artikuliert Meinhard Miegel die Vermutung, daß der Fall des eisernen Vorhangs und das wahrscheinliche Ende des Konfliktes zwischen 1. und 2. Welt der Beginn des Schulterschlusses ist, der benötigt wird, damit eine Minderheit sich gegen den Rest der Welt einigeln kann. Es wird der Versuch unternommen werden, die Zugbrücke zur 3. und 4. Welt hochzuziehen, ja man kann noch einen Schritt weitergehen: Man wird einige Anstrengungen unternehmen, um die zweite Welt annähernd auf das Niveau der ersten zu heben, das wars dann aber auch. Vermutlich wird die „Dampfwalze“ der kapitalistischen Modernisierung bei dem Versuch, auch die 2. Welt zu modernisieren, ihre Kraft erschöpfen. Nicht Globalisierung der Moderne wird daher stattfinden, sondern ein Auseinanderbrechen der beiden Welten – das Konservieren des Standards der privilegierten Staaten um den Preis des Einigelns.

Welche Gegenkräfte ein solches Einigeln freilich bei den Ausgeschlossenen wecken wird, und wie das ökologische Katastrophenpotential auch die Festung durchdringt, das steht auf einem anderen Blatt.

Globalstrategien mit völlig anderen Modellen sind nach Miegels Meinung zwar denkbar, aber unwahrscheinlich. Die Vision einer Weltgesellschaft der tolerierten und akzeptierten Unterschiede bei wechselseitig geachteter Souveränität der Kulturen hat wenig Chancen. Das gleiche gilt dann für Zimmerlis Plädoyer, unsere Lebensformen nicht zu exportieren, sie in Wahrnehmung globaler Verantwortung aber so zu gestalten, daß sie exportiert werden könnten – was man von den meisten gegenwärtig praktizierten Formen nicht sagen kann. Das Einigeln wäre auch das Ende von Walther Ch. Zimmerlis Traum von der Konvergenz von Ökologie, Ökonomie und Ethik in neuen Technologien und einer auch im ideologischen Bereich abgesicherten Vorreiterrolle.

Das „Europa der Raubzüge“ hat, so Henrich von Nussbaum, in der Geschichte in mehreren großen Raubzügen die Grundlagen seines jetzigen Reichtums zusammengebracht. Es trägt Verantwortung auch für die Folgen, die es mit seinen ideologischen und technologischen Exporten angerichtet hat. Dies anzuerkennen, betont Claus Leggewie, ist sinnvoller als in rhetorischer Selbstgeißelung zu verharren. Zu behaupten, man sei zur

Dominanz verurteilt und müsse deswegen eingreifende Verantwortung übernehmen, ähnelt allerdings sehr der kolonialistischen Formel von der gezwungenermaßen übernommenen Fürsorge und Sorge bezüglich der in den Modernisierungsprozeß eintretenden Regionen.[19] Hinzukommt, daß Europa der südlichen Hemisphäre gegenüber ja nicht uneigennützig Verantwortung trägt, selbst wenn die armen Regionen ökonomisch immer mehr abgekoppelt werden: Mehr als skandalös ist, daß seit 1983 die Länder des Südens Kapital an den Norden zahlen. Sie müssen für Zins und Tilgung der aufgeschwatzten Kredite mehr zahlen, als ihnen an neuen Krediten zugebilligt wird. „Zwischen 1984 und 1988 betrug dieser Nettokapitaltransfer von Süd nach Nord 163 Milliarden Dollar."[20] Der Norden bereichert sich auf Kosten der Armen.

„Der Wohlstand des Nordens und die Stabilität der Welt insgesamt sind ohne Beseitigung der Armut im Süden nicht zu sichern. ... Der Norden kann nicht hoffen, von sozialem und politischem Aufruhr im Süden unberührt zu bleiben; unerbittlich, auf unterschiedliche Weise wird der Aufruhr überschwappen".[21] Dabei sind die verschiedensten Formen zerstörerischer Prozesse denkbar: Gewaltförmige Prozesse, in denen wie im Golfkrieg die Großmächte selbst zum Eingreifen sich gezwungen sehen, sind vielleicht eher die Ausnahme; eine Rolle spielen auch kaum aufhaltbare Prozesse wie schleichende Migrationsbewegungen (bei denen nicht die Ärmsten der Armen, sonder eher privilegierte Arme aufbrechen, daher durch die gängigen Strategien der Fluchtursachenbekämpfung erst mobilisiert werden), Drogen (die jetzt schon als Rache der Lateinamerikaner an den Yankees interpretiert werden), usw. Die organisierte Kriminalität, als resthafte Form von Vergesellschaftung in Krisengebieten gewachsen, nistet sich in den Zentren der prosperierenden Regionen ein. Und in den Wohlstandsregionen wirkt die Bereitschaft, die eigenen Privilegien – seien es solche der sozialen Schicht oder, meist damit gekoppelt, der Region – mit allen Mitteln, auch denen der Gewalt, zu verteidigen, wie eine zerstörerische Säure auf die Qualität und Festigkeit der Vergesellschaftung.

Europa verzichtet auf die Prinzipien der einst immer moralisch legitimierten Entwicklungshilfe – nicht das einzige Indiz für das Zerbröseln des moralischen Grundkonsens des Westens. „Unter solchen Umständen verliert die Devise 'Entwicklung' ihren zukunftsverheißenden Sinn: Sie wird – aus der Perspektive des Nordens, versteht sich – langsam von der Devise 'Sicherheit' überlagert und ersetzt. ... Jetzt kommt es dem Norden darauf an, aus Gründen der Selbstverteidigung zu verhindern, daß der Kollaps des Südens auch die Gesellschaften des Nordens mit in den Strudel zieht. Der Norden wird von nun an seine Pflicht zur Hegemonie um der Stabilität des Weltsystems willen reklamieren."[22] Und das tut er.

Es genügt in dieser Situation nicht, an alle Erörterungen über die zukünftige Rolle Europas noch einen unverbindlichen Abschnitt anzuhängen, der auf die Notwendigkeit hinweist, Europas Perspektiven in die der globalen Ökologie und der südlichen Hemisphäre einzubetten. Die globale Situation prägt alle innereuropäischen Probleme zutiefst.

Immerhin, es gibt auch Chancen, sagt Helmut Schmidt.[23] Wie aber sähe es aus, wenn Europa sich nicht zur Festung entwickeln würde? Was würde es bedeuten, globale Verantwortung zu übernehmen und eine solche Politik im eigenen Land konsensfähig zu machen? Würden sich dann vielleicht doch Formen des Privilegienschutzes mit einer auch militärischen „Ordnungsfunktion" und internationalem Finanzausgleich mischen? Zwischen folgenlosem globalem Denken und Einigeln, zwischen Verantwortung und Bevormundung ist ein Weg zu finden.

Schon der Balkankrieg bedeutet ja unlösbare Dilemmata: Angesichts der bestürzenden Realität, wie György Konrád sie schildert, sich *nicht* einzumischen (obwohl deutsche Politik und Medien schon kräftig mitmischen) scheint kaum noch zu rechtfertigen, aber jedes Eingreifen vergrößert das Chaos.

12. Westeuropa neu vermessen

Der Krieg auf dem Balkan und die Auflösung der osteuropäischen Strukturen bedeuten für Westeuropa selbst den Zwang zur Überprüfung seiner Legitimation. Immerhin liegt der historische Grund der Einigung Europas nach dem Kriege in diesem selbst. Während früher, so Eric Hobsbawm, auch Osteuropa immer dazugehörte, war es nach 1945 des Antikommunismus wegen ausgeklammert, aber dieser war gleichzeitig einer der Gründe für den Zusammenschluß. Und der andere lag in dem Versuch der Lösung der „deutschen Frage“: Wenn Deutschland nicht durch Aufteilung kontrolliert werden konnte, dann sollte es durch eine Entente an Frankreich und Westeuropa gekettet werden – das war das politische Kalkül der EG. Einige der darin enthaltenen historischen Konfliktpotentiale werden jetzt wieder aktuell: Wenn Frankreich in der Geschichte mit Serbien, Deutschland aber mit Kroatien liiert war, dann spielt das plötzlich wieder eine Rolle. Die Grundstrukturen sind seit 1989 in Frage gestellt. Die immer starken föderalen Tendenzen würden bei einem Einbezug Ostmitteleuropas eher geschwächt – der Kompromiß von Maastricht wäre mit auch nur einem kleinen Teil Ostmitteleuropas aus ökonomischen Gründen (wegen der dort existierenden „Nicht-Wirtschaften“) nicht haltbar. Die EG würde nur erweitert, nicht vertieft. Und die deutsche Macht, jetzt größer denn je, muß in den europäischen Rahmen eingebunden werden, sagt Ivan Nagel – immer wenn die europäische Idee an Anziehungskraft verliert, springt eine andere Idee in die Bresche. In Deutschland scheint das jetzt nur der Nationalismus sein zu können.

„Kulturelle Baumwolle“ (Hobsbawm) als historisches Schmückwerk ändert nicht viel daran, daß das durch die Maastrichter Verträge fixierte Europa sich von den Bürgern entfernt. Die EG, so Ernst-Wolfgang Böckenförde, ist als Wirtschaftsgemeinschaft gegründet worden, und das verlangt eine Menge von unitarischen Regelungen – „Normenberge“ für wirtschaftliche Zwecke. In Maastricht wurden auf einer solchen Basis Zielvorstellungen für ein politisches Minimalprogramm entwickelt, aber diese politische Union vollzieht sich auf die gleiche bürokratische Weise wie die Wirtschaftsunion. Eigentlich wären da andere Institutionen notwendig. Aber es gibt kein „EG-Volk“ – ein solches entsteht erst durch gemeinsame Überzeugungen, durch Kultur (von „ethnischen Prozessen“ sprechen die Ethnologen). Auch Wahlen allein wären noch kein Prozeß der „Volkbildung“.

Für einen Intellektuellen wie Henrich von Nussbaum bleibt Europa das kleinere Übel, weil der Traum von den Regionen sich nicht erfüllt. Hans A. Fischer-Barnicol will wie de Gaulle ein „handlungsfähiges“ Europa – was aber ist das? Zwischen der Wahrnehmung von Verantwortung, die Ernst-Wolfgang Böckenförde fordert, und der Aufforderung zur Intervention scheint der Abstand nicht groß, meint Ivan Nagel, und wenn Hermann Beland fordert, das Prinzip der Nichteinmischung in all den Fällen in den internationalen Organisationen außer Kraft zu setzen, wo Minderheiten gefährdet sind und Genozid droht, dann, so Daniel Vernet, droht dies immer wieder Mittel zur egoistischen Politik einzelner Staaten zu werden – siehe die unterschiedliche Behandlung der Angriffe auf die Kurden in der Türkei und im Irak.

Nimmt die Ordnungsmacht ihre Verantwortung wahr statt verantwortungslos zu handeln, so setzt dies eine Perspektive voraus. Aber wie kann die aussehen? Wäre ein Eingreifen auf dem Balkan und anderswo heute nicht auch wieder eine Form der Bevormundung? Wer sich jetzt einmischt, der kann eigentlich nur noch Unheil schaffen – der richtige Moment ist verpaßt. Nur eine transnationale Autorität hätte Chancen. Ob dies eine im Rahmen der einstigen österreichisch-ungarischen Monarchie sein könne, wie Lothar Gall fragt (einige Trends deuten in Richtung auf eine solche schillernde Ostmitteleuropa-Idee), muß allerdings auch György Konrád offenlassen. In Deutschland aber hat man aus historischen Gründen mit „Mitteleuropa“ seine besonderen Probleme.[24]

All diese Fragen stehen auf der Agenda für Europa. Wie der verunsicherte Kontinent damit umgehen wird, hängt nicht zuletzt von den Diskussionen der kommenden Zeit ab.

1 Lay, Conrad: Der Pferdefuß der lokalen Gemeinschaften. Die „Lega Nord“: Von Folklore zu aggressivem Populismus. In: Frankfurter Rundschau (D-Ausg.) v. 30.6.1992, 16, Forum Humanwiss.
2 Globale Trends. Daten zur Weltentwicklung. Stiftung Entwicklung und Frieden (Hg.). Bonn, Düsseldorf 1991, 24.
3 A.a.O. 24/25.
4 A.a.O. 21.
5 A.a.O. 17.
6 Kurz, Robert: One World und jüngster Nationalismus. In: Frankfurter Rundschau v. 4.Januar 1992, ZB 3
7 Vgl. z.B.: Eine Zukunft für unsere Dörfer. Kolloquium zur Europäischen Kampagne für den ländlichen Raum. Rehburg-Loccum 1987 (Loccumer Protokolle 12/1987).
8 Schorlemmer, Friedrich: Worte öffnen Fäuste. Die Rückkehr in ein schwieriges Vaterland. München 1992; vgl. Rezension von Carola Becker in Frankfurter Rundschau v. 25.7.1992.
9 [Biedenkopf, Kurt H.]: Kurt Biedenkopf und der Abschied von der „Aufholjagd“. [Rede beim „Forum für Deutschland“] In: Frankfurter Rundschau (D-Ausg.) v. 27. März 1992, 30/31 (Dokumentation). Vgl. auch das in Anm. 11 genannte Interview.
10 Wie 9.
11 [Biedenkopf, Kurt H.]: „Die Aufholjagd ruiniert die ganze Gesellschaft“. [Interview] In: Blätter für deutsche und internationale Politik 1992, 917–933 (H. 8), 924.
12 Brandt, Willy: Eine EG von Paris bis Wladiwostok? In: Frankfurter Rundschau v. 13. Mai 1992, 15 (Dokumentation).
13 Vgl. Sachs, Wolfgang: Zur Archäologie der Entwicklungsidee. Frankfurt/M. 1992.
14 Dönhoff, Marion Gräfin: Wenn der Wille zum Handeln fehlt. In: Die Zeit Nr. 17 v. 17. April 1992.
15 In seiner Rezension des Buches von Alain Minc: Die Wiedergeburt des Nationalismus in Europa. Hamburg 1992; Schmid, Thomas: Vom Umgang mit dem Chaos. In: Die Zeit Nr. 22 v. 22.5.1992.
16 King, Alexander und Bertrand Schneider: Die erste globale Revolution. Ein Bericht des Rates des Club of Rome. Frankfurt/M. 1992, 103.
17 [Weizsäcker, Richard von]: „Wo bleibt der politische Wille des Volkes?“ [Interview] In: Die Zeit Nr. 26 v. 19. Juni 1992, 3–4.

18 Brandt, Willy: Eine EG von Paris bis Wladiwostok? In: Frankfurter Rundschau v. 13. Mai 1992, 15 (Dokumentation).

19 Vgl. Gronemeyer, Reimer und Claus Leggewie: Rituale europäischer Selbstkasteiung. In: Blätter für deutsche und internationale Politik 1992, 78–85 (H. 1).

20 Die Herausforderung des Südens. Der Bericht der Südkommission. Bonn/Bad Godesberg 1991, 101

21 Die Herausforderung . . ., 306.

22 Sachs (s. Anm. 13), 99, 103.

23 Schmidt, Helmut: Eine großartige Chance für Europa. In: Die Zeit Nr. 6 v. 31. Jan. 1992, 3.

24 Bennhold, Martin: Mitteleuropa – eine deutsche Politiktradition. Zu Friedrich Naumanns Konzeption und ihren Folgen. In: Blätter für deutsche und internationale Politik 1992, 977–989 (H. 8).

Beland, Hermann: 1933 in Wittenberge geboren, Theologiestudium (ev.), 1961–1967 psychoanalytische Weiterbildung am Berliner Psychoanalytischen Institut (BPI), tätig als analytischer Psychotherapeut, Lehranalytiker und Supervisor der Deutschen Psychoanalytischen Vereinigung (DPV) seit 1972, Ausbildungs- und später Institutsleiter am BPI, Vorsitzender des Ausbildungsausschusses der DPV, 1988–1990 Vorsitzender der DPV. Zahlreiche wiss. Veröff. zu Theorie, Technik und Geschichte der Psychoanalyse, zu Antisemitismus, Kunst usf.

Böckenförde, Ernst-Wolfgang: 1930 in Kassel geboren, Dr. jur. in Münster 1956, Dr. phil. in München 1961, Habilitation 1964 in Münster, ord. Prof. für öffentliches Recht, Verfassungs- und Rechtsgeschichte, Rechtsphilosophie an den Universitäten Heidelberg (1964–1969), Bielefeld (1969–1977) und Freiburg i.Br. (seit 1977); seit 1983 Richter des Bundesverfassungsgerichtes. Forschungen und Veröff. vor allem zu Staats- und Verfassungsrecht, Verfassungsgeschichte, zum Verhältnis von Staat und Kirche sowie Kirche und Politik.

Hobsbawm, Eric J.: 1917 geboren, lehrte bis zu seiner Emeritierung Wirtschafts- und Sozialgeschichte am Birkbeck College der Universität London. Zahlreiche Veröffentlichungen zu Sozialgeschichte, in deutsch u.a. zuletzt Das imperiale Zeitalter 1875–1914 (1989) und Nationen und Nationalismus (1991), beides Frankfurt/M. und New York.

Hoffmann, Hilmar: 1925 in Bremen geboren, Gründungsdirektor der Volkshochschule Oberhausen, fünf Jahre Kulturdezernent in Oberhausen und zwanzig Jahre in Frankfurt am Main. Lehraufträge an den Universitäten Bochum, Frankfurt/M. und Tel Aviv, seit 1990 Honorarprofessor an der Universität Marburg, Gastprofessor an der Universität Jerusalem. Geschäftsführer der Kulturstiftung Lesen. Zahlreiche Veröffentlichungen zur Kulturpolitik (u.a.: Kultur für alle; Kultur für morgen; Kultur als Lebensform) und zum Film („Und die Fahne führt uns in die Ewigkeit.“ Propaganda im NS-Film). Kulturpolitischer Berater der Olympia GmbH Berlin.

Konrád, György: 1933 in Ostungarn geb., Studium der Literatur und Soziologie in Budapest, danach zeitweise als Sozialarbeiter tätig, seit 1965 als Soziologe in einem Institut für Städtebau u.a. beschäftigt mit Problemen neuer Wohnsiedlungen in Ungarn, 1973 Verlust des Arbeitsplatzes, 1974 in Untersuchungshaft, danach als Psychologe in einer Nervenheilanstalt tätig, 1976–1979 Stipendien in West-Berlin und USA, 1979 zurück nach Budapest, seit dieser Zeit freier Schriftsteller mit zahlr. Veröff. (u.a. mit Szelényi über die „Intelligenz auf dem Weg zur Klassenmacht“). Zahlr. Ehrungen und Preise (u.a. 1991 Friedenspreis des Deutschen Buchhandels), Präsident des Internationalen P.E.N.

Kramer, Dieter: Geboren 1940 in Rüsselsheim am Main, Studium in Mainz und Marburg, Habilitation in Wien 1987 im Fach Europäische Ethnologie/Volkskunde. Privatdozentur an der Universität Wien. 1968 bis 1976 wissenschaftlicher Mitarbeiter an der Philipps-Universität Marburg/Lahn; 1977 bis 1990 im Dezernat Kultur und Freizeit der Stadt Frankfurt am Main als wissenschaftlicher Mitarbeiter, seit 1990 Kustos im Museum für Völkerkunde der Stadt Frankfurt, dort als Europäischer Ethnologe zuständig für die neu zu schaffende Abteilung Europa. Seit 1978 Mitglied im Vorstand der Kulturpolitischen Gesellschaft (BRD, Sitz Hagen).

Leggewie, Claus: 1950 geb., Studium der Sozialwissenschaften und Geschichte in Köln und Paris, Promotion und Habilitation in Göttingen, seit 1989 Professor für Politikwissenschaft an der Justus-Liebig-Universität Gießen. Beschäftigt sich vor allem mit theoretischen und praktischen Fragen der multikulturellen Gesellschaften und dagegen gerichteten rechtspopulistischen Bewegungen. Veröff. u.a.: Die Republikaner (4. Aufl. 1990), MultiKulti. Spielregeln für die Vielvölkerrepublik (2. Aufl.1991),

Heillose Fronten. Islam und Demokratie in Algerien (1992, zus. mit Samuel Schirmbeck), Alhambra. Der Islam im Westen (1993). Publizistische Tätigkeit in Presse und Rundfunk.

Margwelaschwili, Giwi: 1927 als Sohn georgischer Emigranten in Deutschland geboren und dort aufgewachsen, 1946 von den Sowjets für eineinhalb Jahre im Lager Sachsenhausen gefangen gehalten, dann nach Tiflis verbannt. 1961 fängt er dort an zu schreiben, beschäftigt sich mit der Phänomenologie von Husserl, Scheler und Heidegger. Der erste und zweite Band seines auf vier Bände angelegten autobiographischen Romans „Kapitän Wakusch" erscheinen 1991/92 in Konstanz, „Muzal" 1991 in Frankfurt/M., „Die große Korrektur" und „Der ungeworfene Handschuh" in Berlin.

Miegel, Meinhard: 1939 in Wien geboren, von 1958 bis 1966 Studium der Philosophie, Soziologie und Rechtswissenschaften in Washington D.C., Frankfurt/M. und Freiburg i.Br., Dr.jur., 1971–1973 Syndikusanwalt und Assistent der zentralen Geschäftsführung bei Henkel & Cie., 1973–75 Mitarbeiter des Generalsekretärs der CDU, Kurt H. Biedenkopf, 1975–77 Leiter der Hauptabteilung Politik und Mitglied der Geschäftsführung der Bundesgeschäftsstelle der CDU, seit 1977 Leiter des Instituts für Wirtschaft und Gesellschaft (IWG Bonn), seit 1992 a.o. Professor an der Universität Leipzig.

Reich, Jens: 1939 in Göttingen geboren, aufgewachsen in Halberstadt, Studium an der Humboldt-Universität, 1961 in Jena, 1964 Dr.med. in Berlin. Leiter der Abteilung für Mathematische Biologie am Zentralinstitut für Molekularbiologie der Berliner Akademie der Wissenschaften, 1979 Professur in Berlin. Später als „feindlich-negatives Element" beruflich degradiert. Mitbegründer der Bürgerbewegung „Neues Forum", 1990 als Abgeordneter in der letzten Volkskammer, danach Abschied von der Politik. In seinen Büchern „Rückkehr nach Europa" (1991) und „Die Intelligenz an der Macht" (1992) zieht er seine Bilanz der „Wende".

Sennett, Richard: 1943 in Chicago geboren, 1964 B.A. der Universität von Chicago, 1969 Ph.D. der Universität von Harvard. Professor für Sozialwissenschaft und für Humanwissenschaften der Universität von New York und Senior Research Fellow der School of International and Public Affairs der Columbia University. Zahlreiche Studien und Veröffentlichungen zu Fragen der Urbanität und urbanen Kultur. In deutscher Sprache sind u.a. erschienen: Verfall und Ende des öffentlichen Lebens. Die Tyrannei der Intimität (Frankfurt/M. 1983) und Civitas. Die Großstadt und die Kultur des Unterschieds (Frankfurt/M. 1991).

Vernet, Daniel: Direktor für internationale Beziehungen bei der Pariser Zeitung „Le Monde", davor lange Jahre Korrespondent dieser Zeitung in London, Moskau und Bonn. Letzte Buchveröffentlichung: La Renaissance allemande, Paris 1992.

Zimmerli, Walther Ch.: 1945 in Zürich geboren, 1963 am Yale-College (New Haven, Conn.), 1964–71 Studium der Philosophie, Germanistik und Anglistik in Göttingen und Zürich, 1971 Promotion, 1978 Habilitation in Zürich. 1978–1988 Professor für Philosophie an der TU Braunschweig, seit 1988 Ordinarius für Philosophie an den Universitäten Bamberg und Erlangen-Nürnberg. Forschungen und Veröffentlichungen auf dem Gebiet der Wissenschafts- und Technikphilosophie, der Ethik, der Ästhetik, der politischen Philosophie und der Philosophiegeschichte.

Personenregister